WAS FRANKFURT ISST

© 2007 Verlag Gebrüder Kornmayer, Dreieich
veränderte 2. Auflage
ISBN 978-3-938173-14-5

Autoren: Evert Kornmayer und
         Christoph Kornmayer
Umschlag: Evert Kornmayer
Lektorat: Cordula Neuner-Zieren

Die Deutsche Bibliothek – CIP-Einheitsaufnahme.
Ein Titelsatz dieser Publikation ist bei der Deutschen Bibliothek (Frankfurt am Main) erhältlich.

GEBRÜDER KORNMAYER

WAS FRANKFURT ISST

ÜBER 250 NEUE GERICHTE AUS MAINHATTAN

VERLAG GEBRÜDER KORNMAYER

GRUSSWORT

Die Frankfurter Küche wurde schon oft beschrieben und umschwärmt. Schon Goethes Mutter, Frau Rat, wies auf die wahre Kunst des Kochens hin. "Vor Fürsten fürcht´ ich mit net, ich kann kochen!" bemerkte sie forsch, als ihr Sohn in Begleitung des Herzogs von Weimar die Stadt Frankfurt besuchte. So erschienen die ersten Bücher zu den kulinarischen Spezialitäten der Freien Reichsstadt schon vor über 150 Jahren. Natürlich umfassten auch diese bereits die Rezepte zu den bekanntesten Frankfurter Gerichten wie z.B. den Frankfurter Würstchen, der Grünen Soße oder des Frankfurter Kranzes.

Doch auch die Kochkunst entwickelt sich stetig weiter. So wie Frankfurt eine lebendige Stadt mit verschiedenen Kulturen und Einflüssen ist, zeigt sich auch die Frankfurter Küche als sehr vielfältig. Für ihre multikulturellen Einwohner hält die Stadt immer die passende Lokalität bereit. In wohl keiner anderen Stadt ist es möglich, so viele verschiedene Nationalitäten über deren Küche kennen zu lernen, und damit auch stets Neues zu erleben. So wird der Besucher der Buchmesse, der IAA oder der Fußballweltmeisterschaft 2006 immer einen Frankfurter finden, der ihm gerne seine Küche näher bringen möchte.

Genau diese Einflüsse prägten die Frankfurter Gerichte und werden dies wohl auch in Zukunft noch tun. Dennoch ist es immer wieder schön, auch die Ursprünglichkeit wieder neu zu entdecken. Dies wird durch ein neues Kochbuch des Kornmayer-Verlages verwirklicht. Das Buch „Was Frankfurt isst" vollführt eine Verknüpfung von altbekannten Gerichten und neu entstandenen Rezepten. Somit bietet dieses Kochbuch selbst Frankfurtern noch ganz neue Einblicke in die regionale Küche.

Petra Roth
Oberbürgermeisterin
der Stadt Frankfurt am Main

GLIEDERUNG

INHALT

Das alte Goethehaus

EINLEITUNG

„Was Frankfurt isst" legt das Augenmerk auf Frankfurt und sein nahes Umland, dessen kulinarische Prägung durch die andere Lebensart, die verschiedensten Lebensgeschwindigkeiten und den stetigen Wandel geprägt sind. Historien und Histörchen werden ebenso beleuchtet wie neue Strömungen der Zeit und die sich ändernden kulinarischen Gewohnheiten.

Viele Moden sind gekommen und gegangen und nur enige davon hatten Bestand. Die Küche wandelt sich, betrachtet sich selbst wieder unter anderen Gesichtspunkten, aufgrund von Gesundheits- oder Modegedanken und folgt wie auf einem breiten Pfad dem Zeitgeist der Terra Francoforta. So verknüpft dieses Buch den Facettenreichtum der klassischen Frankfurter Küche mit den modernen Strömungen und erschließt so manches traditionelle Rezept wieder neu. Es entsteht ein authentischer Querschnitt, der sowohl Kennern der heimischen Küche als auch Neulingen neue kulinarische Reize und Rezepte aus Hessen vermittelt.

Die neuen Gerichte aus Mainhattan sind für Kochprofis, die etwas Neues ausprobieren möchten, sowie für Anfänger bestens geeignet. Sie sind leicht nachzukochen und benötigen meist nur eine kurze Vorbereitungszeit. Auch soll dieses Buch all denen, die gerne kochen, helfen, die unbekannten Seiten der Frankfurter Küche zu entdecken und dem Könner unter ihnen die stille Freude des Eingeweihten bescheren. Jedoch kann man aus diesem Buch die Kunst des Kochens nicht erlernen. Wer sich dessen bedienen will, muss schon ein wenig kochen können. Um den typischen Geschmack der Frankfurter Küche zu erreichen, sollte beim Zusammenstellen der Zutaten darauf geachtet werden, möglichst Produkte aus der Region zu verwenden.

Wir wünschen viel Freude beim Lesen, Kochen und Genießen.

Evert und Christoph Kornmayer

DIE MASSEINHEITEN

Der Erfahrung nach können Mengenangaben und Garzeiten nur ungefähre Angaben sein. Die unterschiedliche Beschaffenheit der Zutaten, die verschiedenen Gegebenheiten der Küchen – von der Pfanne bis zum Backofen – und auch der individuelle Geschmack lassen ein präzises Abschmecken und Garproben unabdingbar werden. Bei allen Rezepten sollte die Köchin oder der Koch seine Erfahrung im Umgang und Bereiten von Speisen mit einfließen lassen.

EL = Esslöffel (15 ml)
TL = Teelöffel (5 ml)
Msp. = Messerspitze
g = Gramm (1/1.000 kg)
kg = Kilogramm (1.000 g)
L = Liter (1.000 ml)
ml = Milliliter (1/1.000 L)
Pkg. = Päckchen, Tütchen, Packung
°C = Grad Celsius (100 °C = 212 °Fahrenheit)
1 Prs. = weniger als 1/8 TL

Eschersheimer Turm

MAINHATTAN MEETS MANHATTAN

Wenn man an Frankfurt denkt, sind es oft die Besonderheiten, welche diese Stadt von anderen unterscheidet: Die Größe, die Hochhäuser, das pulsierende Leben, die Frankfurt über die anderen in Deutschland erhebt. Doch auch genau diese sind es auch, die einem den Vergleich aufdrängen zu den anderen Städten der Welt, die ein ähnliches Gesicht tragen.

In Frankfurt gibt es nahezu alles. Vielleicht nicht an jeder Ecke und in jeder Menge, aber Händler aus aller Herren Länder offerieren exotischste Zutaten und Küchengeräte, und nahezu jeglicher kulinarische Bedarf kann weit über die Maßen gedeckt werden.

Der Samstagseinkauf auf den Frankfurter Einkaufsmeilen lässt zuweilen schon New Yorker Gefühle aufkommen, und so mancher Stadtbesucher droht vielleicht im alles verstopfenden Verkehr zu versinken und hat schon vor Augen, dass eines Tages alles einfach stehen bleibt. Die New Yorker haben sich damit arrangiert, doch Mainhattan ist in Wirklichkeit etwas überschaubarer geblieben, ja hat sich in manchen Stadtteilen sogar einen „dörflichen" Charakter bewahrt. Immer wieder trifft man auf Menschen, die man schon einmal gesehen hat, ja zum Teil sogar kennt.

WESTEND-RÜHREIER

Frankfurts Single-Hochburg ist das Westend. Zu Füßen
der Bankentürme frühstückt es sich sehr exklusiv in den
zahlreichen Wohnhäusern der Gründerzeit.

Frühstück für 1–2 Portionen:

8	*Eier*
8 TL	*Butter*
2	*Scheiben Weißbrot*
1 Prs.	*Salz*
1 TL	*Petersilie, gehackt*

Zubereitung:

Die Weißbrotscheiben in kleine Würfel schneiden und mit der Hälfte der Butter
von beiden Seiten anbräunen. Anschließend aus der Pfanne nehmen und beiseitestellen. Die Eier aufschlagen, in eine Schüssel geben, mit dem Schneebesen
verrühren und salzen. Die restliche Butter in der Pfanne erhitzen und das Ei
hineingeben. Während der Garzeit mit einem Holzlöffel verrühren, damit das Ei
nicht anbrennt. Vor Ende der Garzeit die Brotwürfel unterrühren. Zum Servieren
auf einen Teller geben und mit der Petersilie bestreuen.

AUSTERN À LA ROCKEFELLER

Das Rockefeller Center gehört zur Skyline Manhattans wie der Messeturm in Mainhattan. Auf beiden Seiten des großen Teichs wird dieses Rezept sehr geschätzt. Es ist jedoch nicht nach John D. Rockefeller benannt, vielmehr stammt es von Jules Alciatore, dem Besitzer von Antoine's Restaurant in New Orleans, der mit diesem Gericht um 1850 berühmt wurde.

Vorspeise für 4 Portionen:

20	*Austern*	*Soße Hollandaise:*	
500 g	*Blattspinat, frisch*	4	*Eigelb*
1 EL	*Butter*	250 g	*Butter, Zimmertemperatur*
50 ml	*Weißwein*	3 EL	*Weißwein, trocken*
1	*Schalotte*	1 EL	*Zitronensaft*
½	*Knoblauchzehe*		*weißer Pfeffer*
	Worcestersoße		*Salz*
	Muskatnuss		
	Pfeffer aus der Mühle, Salz		

Zubereitung:

Die Austern öffnen, das Fleisch herausnehmen und die Flüssigkeit durch ein Sieb auffangen. Die Schalen beiseitestellen. Den Spinat säubern, entstielen und grob hacken. Die Schalotte fein würfeln. Den Knoblauch im Mörser mit dem Salz pürieren. Für die Soße Hollandaise das Eigelb zusammen mit dem Weißwein oder dem Wasser, dem Zitronensaft, dem Pfeffer und dem Salz bei Zimmertemperatur in einem Schlagkessel mit dem Küchenmixer auf höchster Stufe schaumig schlagen. Wenn die Masse schaumig wird, den Topf in ein warmes Wasserbad hängen. Das Wasserbad weiter erhitzen und die Masse unter ständigem Rühren vorsichtig erwärmen. Sobald sie lauwarm ist, unter ständigem Rühren die Butter in kleinen Portionen hinzufügen. Die Soße dickt nun ein. Mit einem Spritzer Worcestersoße abschmecken. Wichtig ist, dass sie nicht kocht. Die Butter in einer Pfanne erhitzen und den Spinat sowie die Schalottenwürfel darin anschwitzen. Mit dem Wein und dem Austernwasser ablöschen, das Knoblauchpüree unterrühren und mit dem Pfeffer und etwas geriebener Muskatnuss würzen. Die Flüssigkeit reduzieren lassen und anschließend 20 Austernschalen (-hälften) mit dem Spinat füllen. Jeweils 1 Auster auf das Spinatbett legen. Zum Schluss die Soße Hollandaise darübergeben und im vorgeheizten Backofen bei 250 °C 5 bis 7 Minuten überbacken. Mit Toastbrot servieren.

AUSTERN & SAUERKRAUT

Da lacht die Frankfurter Gourmet-Seele!

Vorspeise für 4 Portionen:

3 Dosen	*Austern (à 85 g), geräuchert*
1 kg	*Sauerkraut*
400 ml	*Weißwein*
40 g	*Speck, durchwachsen*
2	*Zwiebeln*
5	*Wacholderbeeren*
1 Prs.	*Zucker*
	Salz
	Butter

Zubereitung:

Den Speck würfeln, in eine Kasserolle geben und bei mittlerer Hitze glasig werden lassen. Die Zwiebeln schälen, würfeln, hinzugeben und so lange braten, bis sie goldbraun sind. Anschließend das Sauerkraut in die Kasserolle geben und unter Rühren andünsten. Mit etwas Salz abschmecken. Den Weißwein angießen, die Wacholderbeeren und den Zucker dazugeben und bei milder Hitze 20 Minuten köcheln lassen. Dabei gelegentlich umrühren. Während dieser Zeit die Austern öffnen, das Fleisch lösen und die Flüssigkeit durch ein feines Sieb auffangen. Wenn das Sauerkraut gar ist, die Wacholderbeeren sorgfältig herauslesen, die Austernflüssigkeit in das Kraut gießen und dieses auf den Tellern anrichten. Die Butter in einer Pfanne erhitzen und die Austern darin sautieren. Diese zum Servieren auf dem Kraut anrichten. Dazu Baguette reichen.

GLASIERTES KASSLER

Das Kassler stammt nicht, wie allgemein angenommen, aus der gleichnamigen nordhessischen Stadt, sondern von einem gleichnamigen Berliner Metzger. Nach dem Wechsel der Finanzmetropole von Berlin nach Frankfurt ist das Gericht in den Fünfzigern von den Börsianern hierher mitgenommen worden und erhielt noch etwas „Wall-Street-Aroma".

Hauptspeise für 4 Portionen:

750 g	*Kassler vom Rücken*
500 ml	*Weißwein, trocken*
400 g	*Tomaten, geschält, aus der Dose*
250 g	*Zwiebeln*
2 EL	*Senf*
2 EL	*Honig*
4 EL	*Butterschmalz*
1 TL	*Paprika, edelsüß*
1 TL	*Majoran*
	Pfeffer
	Salz

Zubereitung:

Den Senf und den Honig in einer Schüssel verrühren und das Fleisch damit gleichmäßig bestreichen. In einer Kasserolle das Butterschmalz erhitzen und das Fleisch darin kräftig anbraten. Währenddessen immer wieder mit der Senf-Honig-Paste bestreichen. Die Zwiebeln schälen, hacken und mit dem Weißwein zum Fleisch geben. Mit Pfeffer und Salz würzen. Nun den Topf schließen und eine Stunde bei ca. 200 °C schmoren lassen. Währenddessen die Tomaten mit dem Saft durch ein Sieb passieren und 5 Minuten vor Ende der Garzeit zu dem Kassler hinzugeben. Die Zwiebeln und das Fleisch warm stellen. Die Soße mit etwas Pfeffer, Paprika und Majoran abschmecken. Das Fleisch mit den Zwiebeln auf den Tellern anrichten, die Soße darübergeben und mit Salzkartoffeln und Sauerkraut servieren.

SPARERIBS MIT MAINWASSER

Das Mainwasser ist eine scharfe Soße, in welcher die Spareribs (in Frankfurt „Schälrippscher" genannt) mariniert und gegrillt werden. Böse Zungen behaupten, sie werde dem Main bei Höchst entnommen.

Hauptspeise für 4 Portionen:

750 g	Schälrippchen / Spareribs
6 EL	Ketchup
3	Knoblauchzehen
2 EL	Worcestersoße
2 cl	Calvados (optional)
	Kümmel, gerieben
	Pfeffer aus der Mühle
	Salz

Zubereitung:

Den Knoblauch mit etwas Salz in einem Mörser pürieren. Dann in eine kleine Schüssel geben und mit dem Ketchup, der Worcestersoße, dem Pfeffer, dem Kümmel und dem Calvados verrühren. Die Schälrippchen gut mit der Mischung einreiben und 1 bis 2 Stunden im Kühlschrank marinieren lassen. Mit der Fleischseite nach unten in eine feuerfeste Auflaufform geben und in der Mikrowelle bei 600 Watt und Grill, Stufe 1, etwa 10 Minuten garen. Nach 10 Minuten umdrehen, den Ketchup wieder auf den Rippchen verteilen und weitere 10 bis 15 Minuten garen. Mit gerösteten Kartoffeln servieren.

FRANKFURTER SURF `N´ TURF

Die Monate ohne „r" sind gut zum Reisen, zum Hochzeitmachen und
zum Krebsespeisen. Die kulinarische Antwort der Mainmetropole
mit Flusskrebsen und Rippchen.

Hauptspeise für 4 Portionen:		*Beilagen:*	
4	*Rippchen, je 2 cm dick*	*3*	*Kartoffeln, mehlig kochend,*
12	*Flusskrebse, geschält*		*geschält*
4 EL	*Olivenöl*	*1*	*große gelbe Rübe*
½	*Zitrone, Saft davon*	*1*	*große Karotte*
100 ml	*Tomatenketchup*	*½*	*Sellerieknolle*
1 TL	*Thymian, frisch, gehackt*		*Gemüsefond*
	schwarzer Pfeffer aus der Mühle		*Butter, Bratfett*
	Salz		*Salz*

Zubereitung:

Den Backofen auf 80 °C vorheizen und eine Platte sowie Teller darin wärmen.
Die Rippchen (bereits vorgekocht) mit dem Pfeffer aus der Mühle und dem Salz
auf beiden Seiten würzen. Das Öl in einer Pfanne erhitzen und 1,5 bis 2 Minu-
ten auf jeder Seite braten. Das Rippchen sollte an der Oberfläche etwas braune
Farbe annehmen. Dann die Rippchen auf die Platte in den Backofen geben, mit
Aluminiumfolie abdecken und etwa 10 Minuten ruhen lassen, bis die Flusskrebse
und die Beilagen bereitet sind. Die Flusskrebse in ein Sieb geben, unter kaltem
Wasser abspülen und anschließend mit Küchenpapier trocken tupfen. In der
Pfanne mit dem Fett vom Anbraten der Rippchen knapp 1 Minute braten. Wenn
nötig, noch etwas Olivenöl hinzugeben. Danach herausnehmen und ebenfalls
im Ofen warm stellen. Den Bratensatz mit dem Zitronensaft bei mittlerer Hitze
lösen. Den Ketchup und den Thymian beifügen, wie auch den ausgetretenen Saft
vom Fleisch dazugeben. Die Soße gut verrühren. Für die Beilage die Kartoffeln
in feine Streifen (Juliennes) schneiden, salzen und in einer Pfanne mit heißem
Fett kleine, flache, knusprige Rösti ausbacken. Die Karotte, die gelbe Rübe und
den Sellerie schälen, ebenfalls in feine Streifen schneiden und mit etwas Butter
und Gemüsefond weich kochen. Die Kartoffelrösti halbieren und eine Hälfte auf
einen vorgewärmten Teller geben. Die zweite Hälfte mit Gemüse auffüllen und
ebenfalls auf den Teller legen. Das Rippchen auf das Rösti geben, die Flusskrebse
obenauf legen und mit der Soße übergießen.

LOUP DE MER MIT
FRANKFURTER KRÄUTERFÜLLUNG

Hauptspeise für 4 Portionen:

2	*Loups de Mer*
120 g	*Kräuter gehackt, Mischung:*
	Borretsch, Kerbel, Gartenkresse,
	Petersilie, Pimpinelle, Sauer-
	ampfer und Schnittlauch

1	*Zitrone, Saft davon*
	etwas Butter zum Einfetten
	Pfeffer aus der Mühle
	Salz

Zubereitung:

Den Fisch ausnehmen und gründlich waschen. Dann die Bauchhöhlen mit dem Pfeffer und dem Salz einreiben. Anschließend den Zitronensaft hineinträufeln und jeden Fisch mit der Hälfte der gehackten Kräuter füllen. Eine Auflaufform einfetten und die Fische hineinsetzen. Im auf 180 °C vorgeheizten Backofen 12 Minuten garen. Zum Anrichten die Haut von den Loups abheben und den Fisch filetieren. Je ein Filet auf einen vorgewärmten Teller geben, mit Pfeffer und Salz nachwürzen und etwas von der Kräutermischung darüberstreuen. Mit Salzkartoffeln, Salat und einer Buttersoße servieren.

TORTILLA MIT FRANKFURTER WÜRSTCHEN

Dieses Kartoffelomelett ist morgens, mittags und abends ein universeller Snack.

Zwischengericht für 1–2 Portionen:

150 g	*Frankfurter Würstchen*	*4*	*Eier*
500 g	*Kartoffeln*		*etwas Thymian*
200 g	*grüne Bohnen*	*1 Prs.*	*Muskatnuss, gerieben*
1	*Zwiebel*		*Pfeffer aus der Mühle*
50 g	*Sahne*		*Salz*
2 EL	*Butterschmalz*		

Zubereitung:

Die Kartoffeln waschen, schälen und in feine Stifte schneiden. Die Bohnen putzen und in 3 cm lange Stücke schneiden. Nun die Bohnen in kochendem Wasser mit etwas Salz 10 Minuten kochen lassen. Dann das Wasser abgießen und die Bohnen mit kaltem Wasser abschrecken. In ein Sieb geben und abtropfen lassen. Die Zwiebel schälen und in Würfel schneiden. Die Frankfurter Würstchen in dünne Scheiben schneiden. Einen Esslöffel Butterschmalz in einer Pfanne erhitzen und die Zwiebeln darin glasig dünsten, dabei gelegentlich umrühren. Anschließend die Wurstscheiben zugeben und unter Rühren einige Minuten braten. Danach die Bohnen und den Thymian hinzugeben, kurz mitbraten und alles aus der Pfanne nehmen. Das verbliebene Butterschmalz in die Pfanne geben, erhitzen und die Kartoffeln darin gut anbraten. Mit dem Pfeffer und dem Salz würzen und 10 Minuten garen. Dann die Bohnen-Wurst-Mischung dazugeben und alles gut verrühren. In einer kleinen Schüssel die Eier, die Muskatnuss und die Sahne verrühren. Mit Pfeffer und Salz abschmecken und über die Kartoffeln in die Pfanne gießen. Kurz vermischen und dann sofort den Deckel auf die Pfanne geben. Einige Minuten stocken lassen und zum Servieren mit einem Thymianzweig garnieren. Nach Geschmack Pfeffer und Salz darüberstreuen.

KÄSEKUCHEN MIT ÄPFELN

Backwaren, Zutaten für 1 Springform:		Belag:	
Teig:		500 g	Quark
150 g	Mehl	2 cl	Calvados
100 g	Butter	3	Äpfel, säuerlich
2	Eigelb	4	Eiweiß
40 g	Zucker	2	Eigelb
2 TL	Vanillezucker	3 EL	Rosinen
1 Prs.	Salz	40 g	Zucker
	Butter zum Einfetten	2 EL	Speisestärke

Zubereitung:

Für den Teig die Butter aus dem Kühlschrank nehmen und auf Zimmertemperatur erwärmen lassen. In eine Schüssel geben und mit dem Mixer schlagen. Dabei das Eigelb, den Zucker, den Vanillezucker und das Salz hinzugeben. Wenn sich die Zutaten gut vermischt haben, das Mehl unter weiterem Mixen nach und nach hinzugeben. Den Teig anschließend gut durchkneten. Eine Springform (etwa 23 cm Durchmesser) mit Butter einfetten, den Teig hineingeben und gleichmäßig verteilen. Für den Belag die Äpfel schälen, die Kerngehäuse herausschneiden und das Fruchtfleisch in 2 cm dicke Würfel schneiden. Den Quark in eine Schüssel geben und mit dem Zucker und dem Eigelb zu einer glatten Masse schlagen. Die Speisestärke darüberstäuben und einrühren. Schließlich die Rosinen, den Calvados und die Apfelwürfel daruntergeben. Das Eiweiß in eine weitere Schüssel geben und mit dem Mixer steif schlagen. Dann das Eiweiß unter die Quark-Ei-Mischung heben und alles über den Teig in der Springform geben. Im auf 200 °C vorgeheizten Ofen, auf mittlerer Schiene 45 Minuten backen. Etwa 10 Minuten vor dem Ende der Backzeit den Kuchen mit Aluminiumfolie abdecken, um ein zu starkes Bräunen zu vermeiden. Nach dieser Zeit den Ofen abschalten und den Kuchen 15 Minuten im Ofen bei ganz leicht geöffneter Ofentür belassen. Durch die verlangsamte Abkühlung behält der Kuchen besser seine Form. Danach herausnehmen, weiter abkühlen lassen und vor dem Servieren im Kühlschrank herunterkühlen.

MAINHATTAN

Getränke für 1 Drink:

2 cl   *Roter Portwein, trocken*
4 cl   *Bourbon-Whisky*
1 Spritzer *Angostura*

Zubereitung:

Die Zutaten zusammen mit Eis in einen Shaker geben und kräftig schütteln. Den Cocktail in eine Cocktailschale gießen.

MAINTOWER-CHAMPAGNER-COCKTAIL

Big Apple im Frankfurter Cocktail, und die
Dekoration entspricht der Form des Maintowers.

Getränke für 1 Drink:

1	*Stück Würfelzucker*	1 cl	*Calvados*
2	*Spritzer Angostura*	1	*Apfel*
	Champagner		*Zitronensaft*

Zubereitung:

Den Würfelzucker mit dem Angostura tränken und in ein Champagnerglas geben, den Calvados hinzugießen und mit kaltem Champagner auffüllen. Einen Apfel mit einem Apfel-Ausstecher neben dem Kerngehäuse von oben nach unten durchstechen. Diesen runden Stängel mit etwas Zitronensaft einreiben, damit der Apfel-Tower nicht braun wird. Die untere Schale der Apfelstange abschneiden, oben die Schale belassen und den Apfelstiel hineinstecken. Mit der Schale nach oben in das Glas geben. Mit einem Trinkhalm servieren.

Markt auf dem Römerberg

GERICHTE VOM KLEINMARKT

„Diese wie dichte Wellen wogenden Haufen und dieser Strom von Grün, der in der Eindeichung des Fahrdamms zu fließen schien gleich dem Hereinbrechens des Herbstregens, nahmen zarte und beperlte Schatten, weiches Veilchenblau, milchig getöntes Rosa, in Gelb ertrunkenes Grün, alle bleichen Farben an, die beim Sonnenaufgang den Himmel zu schillernder Seide werden lassen; und in dem Maße wie der Brand des Morgens in Stichflammen ... emporstieg, erwachte das Gemüse mehr und mehr und stach ab von der tiefen Bläue, die sich schwer über die Erde hinzog. Salat, Endivie, Lattich, Schikoree zeigten, noch von der fetten Gartenerde bedeckt, ihre strahlenden Herzen; die Spinat- und Ampferpacken, die Artischockensträuße, die Bohnen und Erbsenhaufen, die Stapel von mit Strohhalmen zusammengebundenem römischem Salat sangen die ganze Tonleiter des Grüns, vom Lackgrün der Schoten, bis zum derben Grün der Blätter, eine anhaltende Tonleiter, die erst bei den Flecken der Selleriestengel und den Porreebunden erstarb."

So schrieb Emile Zola in seinem Buch „Le ventre de Paris", in dem er präzise beobachtet und die Menschen und vor allem die Markthallen, den so genannten Bauch der Stadt, und dessen Leben beschreibt. Ein Vergleich drängt sich auf, und so manche Person, ob Metzger oder Fischhändler, die er in seinem fast 150 Jahre alten Buch beschreibt, kommt einem bekannt vor, wenn man seinen eigenen Besuch der Großmarkthalle mit anderen Augen betrachtet.

Ebenso lebens-, liebens- und erfahrenswert gestaltet sich ein Besuch in der Kleinmarkthalle, der vielleicht nicht ganz so wollüstig üppig, aber mindestens genauso seine optischen, sensitiven und geschmackliche Reize offenbart. An manchen Ständen ist das fast so, als wandle der Besucher in den Kräutergärten Oberrads, wo alle Zutaten zur „Grie Soß" derart üppig gedeihen, dass Zola sich wohl gewünscht hätte, diese zu besuchen, um ein weiteres Kapitel seiner Weltliteratur hinzuzufügen.

KLEINMARKTBRÖTCHEN

Frische Kräuterbrötchen mit Sauerkrautbutter. Wolfram Siebeck, der vor Jahren zum Zwecke des Recherchierens nach Frankfurt gereist war und die Kleinmarkthalle kennen lernte, nannte sie „die Uffizien der essbaren Genüsse".

Frühstück für 16 Stück:

Brötchen:

500 g	Weizenvollkornmehl
300 ml	Wasser, lauwarm
1 Würfel	Hefe
100 g	Doppelrahmfrischkäse
1 TL	Honig
1 Bund	Schnittlauch
1 TL	Salz

Sauerkrautbutter:

100 g	Sauerkraut
1	Zwiebel
1	Frühlingszwiebel
1	Knoblauchzehe
100 g	Butter
1 EL	Weißweinessig
1 Bund	Dill
1 TL	Honig
	schwarzer Pfeffer aus der Mühle
	Salz

Zubereitung:

Den Honig und die Hefe im lauwarmen Wasser auflösen und unter ständigem Rühren langsam zum Mehl geben. Alles gut durchkneten und mit einem Tuch bedeckt etwa eine halbe Stunde gehen lassen. Den Schnittlauch waschen und in kleine Röllchen schneiden, dann zusammen mit dem Frischkäse und dem Salz unter den Hefeteig kneten. Aus dem Teig kleine, faustgroße Kugeln formen, auf dem Blech platzieren und noch einmal 15 Minuten gehen lassen. Den Brötchenteig in den noch kalten Ofen schieben und bei 200 °C etwa 20 Minuten auf dem mittleren Einschub backen. Anschließend den Ofen abschalten und die Brötchen weitere 10 Minuten im geschlossenen Backofen ruhen lassen. Später die Brötchen herausnehmen und auf einem Gitter auskühlen lassen. Ganz frisch und warm schmecken die Kleinmarktbrötchen am besten.

Für die Sauerkrautbutter das Sauerkraut kurz abspülen und in kleine Streifen schneiden. Die Frühlingszwiebel waschen, putzen und in dünne, kleine Ringe schneiden. Die Knoblauchzehe und die Zwiebel schälen, fein würfeln und in etwas Butter in einer Pfanne dünsten, bis sie glasig erscheinen. Anschließend das Sauerkraut und die Frühlingszwiebel hinzugeben, mit dem Essig ablöschen und alles bei kleiner Flamme zugedeckt etwa 15 Minuten schmoren lassen. Dann alles in eine Schüssel füllen und abkühlen lassen. Nun den Dill waschen, sehr fein hacken und zusammen mit der restlichen Butter, dem Honig, Dill, Pfeffer und Salz gut unter das lauwarme Gemüse rühren und nachdem eine gleichmäßige Masse entstanden ist, in eine passende Form füllen und vollständig erkalten lassen. Nach dem Erkalten die Form kurz in heißes Wasser tauchen und auf einen Butterteller stürzen. Bis zum Verzehr kühl halten. Etwa 10 Minuten zuvor die Sauerkrautbutter aus dem Kühlschrank nehmen, um eine bessere Streichfähigkeit zu erreichen. Im Kühlschrank ist die Sauerkrautbutter einige Tage haltbar.

FELDSALAT MIT SPECKSOSSE

Salat für 4 Portionen:

250 g	Feldsalat
1	Chicorée
1/3	Sellerieknolle
2	Eier
75 g	Speck, durchwachsen
1 EL	Essig, mild
1 TL	Senf
1 Prs.	Zucker
	Pfeffer aus der Mühle
	Salz

Zubereitung:

Den Feldsalat und den Chicorée waschen, putzen, dabei den bitteren Kern des Chicorées herausschneiden und den Rest in Streifen schneiden. Den Sellerie bissfest dünsten, dann abkühlen lassen und fein hobeln. Die Eier kochen, in Hälften schneiden und anschließend den Speck würfeln, in einer Pfanne anbräunen, mit dem Essig, Salz, Pfeffer, dem Senf und dem Zucker verrühren und über den Salat geben. Dann den Salat durchziehen lassen und mit den Eihälften vor dem Servieren garnieren. Dazu frischen Toast reichen.

RILLETTES NACH ART DER METZGER AUS DER ALTEN MARKTHALLE

Die alte Markthalle zwischen Konstabler- und Hauptwache wurde im
Krieg zerbombt. Ursprünglich boten hier nur die Metzger und Gärtner
ihre Waren an. Rillettes oder „Verhacktes" sind eine kräftige Fleischspezialität
für die Wintermonate. Sie werden als kalte Vorspeise, häufig aber auch als
Brotaufstrich oder als Vesper aufgetragen.

Vorspeise für 20 Portionen:

2 ½ kg	Schweinebauch, ohne Schwarte
200 ml	Wasser
60 g	grobes Salz
½ TL	Pfeffer, frisch gemahlen
1	kleiner Bund Grüne-Soße-Kräuter
1	Lauchstange
1	Karotte
½	Sellerieknolle
2	Lorbeerblätter
2	Nelken

Zubereitung:

Den Schweinebauch in 3 bis 4 Zentimeter große Würfel schneiden. Das Fleisch
mit sämtlichen Zutaten (außer dem Salz) in einen Bräter geben. Den Deckel auflegen und im Ofen bei etwa 150 °C knapp unter dem Siedepunkt garen lassen.
Von Zeit zu Zeit umrühren, damit er nicht anbrennt. Nach 5 bis 6 Stunden, wenn
sich alles Fleisch von den Knochen gelöst hat, die Knochen herausnehmen, Fett
abschöpfen und beiseitestellen. Die Fleischstücke mit einem Holzlöffel zerdrücken, so dass sich fettes und mageres Fleisch gut vermischen. Den Bräter nun
weitere 15 Minuten erhitzen, bis die Mischung, der nun das Salz beigegeben wird,
den Siedepunkt erreicht. In sterilisierte Gläser abfüllen, die Oberfläche flach
andrücken und das Fett darübergießen. Wenn nicht genügend Fett vorhanden
ist, etwas erhitztes Schweineschmalz verwenden. Anschließend abkühlen lassen.
Im Kühlschrank sind die Rillettes bis zu 3 Monate lang haltbar, sie sollten aber
innerhalb von 1 Woche verzehrt werden, nachdem sie geöffnet wurden.

OCHSENSCHWANZ-CARPACCIO

Vorspeise für 6 Portionen:

1	frischer Ochsenschwanz, ganz, am Knochen		*Salat:*
300 g	Putenfleisch		4 Handvoll gemischter Salat
300 g	Sahne, eiskalt, aber noch flüssig		(Frisée, Rukola etc.)
100 g	Toastbrot ohne Rinde, in kleine Würfel geschnitten		Balsamico-Essig, weiß
40 g	Butter		Zitronensaft
80 g	Rindermark		Traubenkernöl
50 g	Lauch, fein gewürfelt		Schnittlauch
1 TL	Thymian, fein gehackt		Petersilie
200 g	Rote Bete, gekocht		Pfeffer aus der Mühle
80 g	Schalotten, fein gehackt		Salz
1	Knoblauchzehe, zerdrückt		
5 cl	Traubenkernöl		
2 cl	Balsamico-Essig		
2 cl	Balsamico-Essig, weiß etwas Fleischbrühe		
1 TL	Senf		
	Salz		
	Pfeffer aus der Mühle		

Zubereitung:

Mit einem scharfen Messer den Ochsenschwanz sorgfältig an der Unterseite, am Knochen entlangfahrend, auslösen, damit das gesamte Fleisch an einem trapezförmigen Stück bleibt. Jetzt das überflüssige Fett entfernen und das Stück der Länge nach halbieren. Die auf diese Weise entstandenen Dreiecke so gegeneinander legen, dass ein Rechteck entsteht. Dieses kräftig mit Pfeffer und Salz würzen und im Kühlschrank kalt stellen. In einer Pfanne etwas Butter erhitzen und die Toastbrotwürfel darin goldbraun rösten. Nun das Rindermark in kleine Würfel schneiden, in kochendem Wasser kurz einige Sekunden aufkochen lassen und mit kaltem Wasser abschrecken. Den gewürfelten Lauch ebenso blanchieren. Das Rindermark auf einem Küchentuch abtropfen lassen und kalt stellen. Das Putenfleisch in kleine Würfel schneiden, salzen, pfeffern, gut durchmengen und dann auf einem Teller in einer dünnen Schicht verteilen. Jetzt für mindestens 1 Stunde einfrieren. Die Sahne für die gleiche Zeit auf Eis legen. Nach 1 Stunde das Fleisch und die Sahne aus dem Gefrierfach nehmen und zunächst das Putenfleisch einige Sekunden im Mixer pürieren, dann die Sahne in dünnem Strahl zugeben. In Intervallen pürieren, bis eine glatte Masse entsteht. Nun diese Masse aus dem Mixer fein feinmaschiges Sieb füllen, durch dieses streichen und sofort wieder kalt stellen. Nach kurzer Wartezeit die Masse abschmecken und glatt rühren. Dann den Lauch, die Toastbrotwürfel und das Rindermark zugeben und gut mit einem Holzlöffel vermischen. Wiederum die Masse kaltstellen, da die Farce zu gerinnen droht, wenn sie zu warm wird. Den ausgelösten Ochsenschwanz auf einem großen Stück Klarsichtfolie in Rechteckform ausbreiten und die Farce etwa 1cm dick und gleichmäßig daraufstreichen. Anschließend den Schwanz unter Zuhilfenahme der Folie so fest wie möglich aufrollen, dabei die Folie nach oben wegziehen, um sie nicht mit einzurollen. Nun den Ochsenschwanz auf einen Bogen Aluminiumfolie legen und fest darin einrollen. In einem Topf Salzwasser erhitzen und zum Kochen bringen. Den Ochsenschwanz hineingeben und etwas mehr als 1 Stunde lang im leicht kochendem Wasser garen. Danach aus dem Wasser nehmen und mindestens 12 Stunden im Kühlschrank kalt stellen.

Aus dem dunklen und dem hellen Balsamico-Essig, der Brühe, dem Traubenkernöl, dem Senf und den Gewürzen eine Vinaigrette anrühren und fein abschmecken. Die Rote Bete in sehr kleine Würfel schneiden und mit einem kleinen Teil der Vinaigrette marinieren. Nun den fein gehackten Knoblauch und die Schalotten mit einigen Tropfen Öl dünsten bis sie glasig werden, dann beiseitestellen und abkühlen lassen. Dann den Rest der Vinaigrette darübergießen, durchrühren und etwa 2 Stunden kühl stehen lassen.

Als Nächstes den Ochsenschwanz aus der Folie nehmen und mit einem Küchenkrepp den ausgetretenen Saft abtupfen. Vor dem Servieren den Ochsenschwanz mit einem sehr scharfen Messer in hauchdünne Scheiben schneiden und auf den Tellern anrichten. Dies kann auch eine halbe Stunde vor dem Servieren geschehen, da der Ochsenschwanz durch die steigende Temperatur noch zarter wird. Um die Ochsenschwanzscheiben herum die marinierte Rote Bete verteilen und deren Marinade auf eine Seite des Tellers gießen. Die Salatblätter in der Mitte des Tellers anrichten und mit Schnittlauch und Petersilie garnieren.

SCHÖPSENEINTOPF

In unserer Kindheit mochten wir unseren Nachbarn sehr gern, er hatte immer ein offenes Ohr und ließ uns Kinder gerne in seiner Scheune spielen. In den daran angrenzenden Ställen hielt er Hasen, Ziegen und auch immer einige Lämmer. Uns Kindern bereitete es immer viel Freude, die Tiere beim Heranwachsen zu begleiten, mit ihnen zu spielen und die Lämmchen bei den Bocksprüngen zu beobachten. Es war eine schöne Zeit, jedenfalls bis der Frühling kam und wir in so manchem Jahr Tränen vergossen, denn in den Wochen vor Ostern besuchte immer der Metzger unseren Nachbarn ...

Suppe für 4 Portionen:

1 kg	*Hammel- oder Lammgulasch*
1 kg	*Kartoffeln*
2 EL	*Öl*
2	*Zwiebeln*
125 ml	*Wasser*
250 ml	*Fleischbrühe*
2	*Karotten*
1	*Stange Lauch*
500 g	*grüne Bohnen*
	Thymian und Majoran
	Pfeffer aus der Mühle
	Salz

Zubereitung:

Das Hammelgulasch scharf im Öl anbraten und mit etwas Salz und Pfeffer würzen. Dann mit dem Wasser ablöschen und in der Pfanne solange schmoren lassen, bis alle Flüssigkeit einreduziert ist. Inzwischen die klein geschnittenen Kartoffeln und Bohnen mit kochendem Wasser in einem Topf überbrühen und kurz darauf die Flüssigkeit wieder abgießen. Nun die Karotten, den Lauch und die Zwiebeln in kleine, mundgerechte Würfel schneiden und vermischen.
Dann die Zutaten in eine feuerfeste Auflaufform geben – jeweils in 2 Schichten das Fleisch, das gewürfelte Gemüse sowie die Kartoffelscheiben und die Bohnen. Noch vorhandene Brühe sollte abgegossen werden. Die geschlossene Auflaufform in einen auf 200 °C vorgeheizten Backofen geben und 1 Stunde garen lassen. Der Schöpseneintopf wird aus der Auflaufform heraus heiß serviert.

LIEBFRAUENBERGER LINSESUPP'

Seit 1954 steht die Frankfurter Kleinmarkthalle auf dem Liebfrauenberg, Ecke Hasengasse. An kalten Markttagen ist diese Suppe eine wärmende Wohltat.

Suppe für 4 Portionen:

200 g	Linsen
1 L	Wasser
40 g	Butter
40 g	Mehl
100 g	Sauerkraut
125 ml	saure Sahne
	Salz

Zubereitung:

Die Linsen etwa 2 Stunden einweichen, dann in einem Sieb mehrmals gut waschen und abgetropft in einen Topf geben. Nun den Topf mit Wasser auffüllen und die Linsen gar kochen. Sie sollten jedoch nicht zu weich werden. Jetzt kann die Suppe mit goldgelber Mehlschwitze aus der Butter sowie dem Mehl gebunden werden und danach weiter 20 Minuten köcheln. Nun das inzwischen fein gehackte Sauerkraut hinzugeben und die Suppe mit Salz abschmecken. Vor dem Servieren auf jeden Teller ein mit 2 Esslöffeln geformtes Stückchen saure Sahne geben, zur Suppe wird kräftiges Bauernbrot gereicht.

„KRAUT-DIPPE"

Suppe für 4 Portionen:

300 g	*„Aale Worscht" (alternativ: „Landjäger")*
200 g	*Gewürzgurken*
3	*Zwiebeln*
5 EL	*Öl*
2 EL	*Zucker*
1 Dose	*Sauerkraut (420 g)*
2 EL	*Paprikapulver, mild*
1 EL	*Rinderfond*
300 g	*Champignons*
1 Bund	*Schnittlauch*
1 Bund	*Dill*
150 g	*Crème fraîche*
	Pfeffer aus der Mühle
	Salz

Zubereitung:

Die Zwiebeln schälen, sehr fein würfeln und in 3 Esslöffeln Öl glasig dünsten. Dann den Zucker darüberstreuen und bei milder Hitze sanft karamellisieren. Das abgetropfte Sauerkraut hinzugeben und kurz andünsten, dabei in kurzen Abständen rühren und anschließend das Paprikapulver einstreuen. Erneut durchrühren und mit dem Fond auffüllen. Zugedeckt etwa 25 Minuten garen lassen. Die Champignons putzen, vierteln und in 2 Esslöffeln Öl goldbraun anbraten, mit Salz und Pfeffer abschmecken. Nun die Aale Worscht in dünne Scheiben, die Gurken in lange Streifen und den Schnittlauch in etwas längere Röllchen schneiden, den Dill fein hacken. Etwa die Hälfte der vorbereiteten Kräuter zusammen mit der Crème fraîche, dem Salz und dem Pfeffer verrühren, die Gurken, die Pilze sowie die Aale Worscht zum Eintopf geben und 5 Minuten mitgaren. Mit Salz und Pfeffer abschmecken und bei Bedarf noch mit etwas Paprikapulver nachwürzen. Anschließend die restlichen Kräuter unterrühren und zusammen mit der Kräuter-Crème-fraîche servieren.

FRANKFURTER TOPF

Suppe für 4 Portionen:

2	*Frankfurter Würstchen*
2	*Kartoffeln*
1	*Karotte*
75 g	*Dörrfleisch*
250 ml	*weiße Bohnen*
	Suppengrün
	Essig
	Pfeffer
	Salz

Zubereitung:

Die Bohnen 12 Stunden in Wasser einweichen. Für die Zubereitung abgießen und mit dem Dörrfleisch, der klein geschnittenen Karotte, dem Suppengrün und mit ausreichend Wasser eine halbe Stunde kochen. Die Kartoffeln schälen, würfeln, zugeben und gar kochen. Mit Pfeffer, Salz und Essig abschmecken. Das Dörrfleisch in kleine Würfel schneiden, in den Topf geben. Weitere 30 Minuten kochen und kurz vor Ende der Garzeit die Würstchen darin erwärmen. Dazu ein Brötchen reichen.

SACHSENHÄUSER DIPPEHAS

Hauptspeise für 4 Portionen:

1	*Hase oder Kaninchen, in Portionen geschnitten*
750 g	*Dörrfleisch, in Würfel geschnitten*
750 g	*Bauchfleisch, in Würfel geschnitten*
7	*Zwiebeln, in Ringe geschnitten*
1 L	*Apfelwein*
7 EL	*Mehl*
	etwas Thymian, gehackt
2	*Lorbeerblätter*
1	*Nelke*
1 TL	*Kümmel*
3	*Wacholderbeeren*
100 ml	*Sahne*
	Pfeffer aus der Mühle
	Salz

Zubereitung:

Das Dörrfleisch in eine Pfanne geben, das Fett auslassen und die Zwiebeln darin schmoren. Dann das Bauchfleisch hinzugeben, kurz braten und die Hasenstücke darin anbraten. Die Lorbeerblätter, den Thymian, die Nelke, den Kümmel und die Wacholderbeeren hinzugeben, mit dem Apfelwein ablöschen und mit Pfeffer und Salz würzen. Mit dem Mehl bestäuben und bei geschlossenem Deckel etwa 2 Stunden köcheln lassen. Während dieser Zeit gelegentlich Apfelwein nachgießen. Anschließend das Fleisch aus der Pfanne nehmen und warm stellen. Die Soße durch ein Sieb in eine Kasserolle gießen, die Sahne zugeben und die Soße zur gewünschten Konsistenz reduzieren. Dazu Klöße, Salat und ein Glas Apfelwein reichen.

SCHWEINEFILET IN HESSEN-CIDRE

Der Apfelwein ist seit altersher ein Produkt aus Regionen, in denen die Weintrauben nicht so recht reif wurden. Dabei ist Apfelwein international. Cidre aus Nord-Frankreich, Sidra aus Nord-Spanien, Cider aus England und dem angelsächsischen Sprachraum, Äbbelwoi aus Hessen, Viez aus dem Trierer Land. Einige dieser Länder trinken ihren Äppler seit jeher mit Kohlensäure, und vor einigen Jahren hat die Landkelterei Höhl für Deutschland mit dem „Weißer Bock Hessen Cidre" nachgezogen.

Hauptspeise für 4 Portionen:

1	*Schweinefilet*
	etwas Butter
1 Schale	*frische Champignons*
1 Flasche	*Weißer Bock Hessen-Cidre*
1 Becher	*Crème fraîche*
1	*großer Apfel (Boskop o. Ä.)*
1 Bund	*Suppenkräuter*
	Pfeffer aus der Mühle
	Salz

Zubereitung:

Das Schweinefilet gründlich säubern, abwaschen und trocken tupfen, dann in einem Bräter oder einem Topf von mittlerer Größe die Butter erhitzen und das Filet von allen Seiten scharf anbraten. Nun das Filet pfeffern und etwas ansalzen, dann den inzwischen klein geschnittenen säuerlichen Apfel dazugeben und zusammen mit den Suppenkräutern erhitzen. Nun mit dem Hessen-Cidre ablöschen und etwa 20 Minuten bei mittlerer Hitze dünsten. Das Filet herausnehmen und beiseitestellen. Den entstandenen Fond etwa 30 Minuten auf kleiner Flamme simmern lassen und anschließend durch ein Sieb passieren. Die in Scheiben geschnittenen Champignons zugeben, kurz aufkochen lassen und mit Crème fraîche binden. Das in Medaillons geschnittene Schweinefilet hineingeben und servieren. Als Beilagen eignen sich in der Schale gegarte Kartoffeln. Als Getränk empfiehlt sich natürlich original Hessen-Cidre.

FRANKFURTER KLÖSSE MIT HANDKÄS'

Hauptspeise für 4 Portionen:

	Semmelknödelteig für 6–8 Semmelknödel
1 EL	*Grüne-Soße-Kräuter, gehackt*
600 g	*Ochsenzunge, gepökelt und gekocht*
1 Becher	*Crème fraîche*
1 Becher	*Sahne*
250 g	*Apfelmost*
300 g	*Handkäse*
1 TL	*Kümmel, gemahlen*
	etwas Kümmel zum Garnieren
3	*Eier*
	Butter

Zubereitung:

Den Semmelknödelteig nach Anweisung zubereiten und die Grüne-SoßeKräuter unterrühren. In leicht gesalzenem Wasser kochen und anschließend herausnehmen. Nachdem sie abgekühlt sind, in etwa 1 Zentimeter dicke Scheiben schneiden. Die enthäutete Ochsenzunge in dünne Scheiben und diese in feine Streifen schneiden. Nun abwechselnd die Semmelknödelscheiben und die Ochsenzungenstreifen in eine mit Butter gefettete Auflaufform schichten. Den Apfelmost, die Schlagsahne sowie die Crème fraîche verrühren und in einem Topf langsam erhitzen. Dann den in Stücke geschnittenen Handkäse darin schmelzen. Den Topf etwas abkühlen lassen, die Eier unter die Masse ziehen und mit dem im Mörser gemahlenen Kümmel würzen. Nach kurzem Durchrühren und Durchziehen die Soße über den Auflauf gießen und abschließend mit Kümmel bestreuen. Im auf 200 °C vorgeheizten Ofen etwa 25 Minuten backen lassen und in der Form servieren.

GEFÜLLTES KRAUT NACH ART DER MARKTFRAUEN

„Sauerkraut macht man mit Champagner!" – steht jedenfalls in einem alten Koch-buch unserer Großmutter. Demnach sollte es auch mit Sekt funktionieren – Ries-ling natürlich. Der eigentlich nicht zur Verschwendungssucht neigende Frankfur-ter liebt sein Kraut auch ohne Champagner zum Rippchen, zur heißen Bratwurst und sogar in der Suppe. Eine ganz besondere Spezialität ist dieses Rezept.

Hauptspeise für 4 Portionen:

500 g	Rinderhackfleisch
1 kg	Sauerkraut mit einem Schuss Sekt
100 g	Speck, in Würfel geschnitten
750 g	Kartoffeln, gekocht und in Scheiben geschnitten
2	Zwiebeln
	etwas Kümmel, gemahlen
1	Knoblauchzehe, zerdrückt
250 ml	saure Sahne
1 TL	Zucker

Zubereitung:

Die Speckwürfel in eine Pfanne geben, etwas auslassen und darin die Zwiebeln mit dem Zucker goldgelb rösten. Dann das Sauerkraut mit dem Knoblauch und dem Kümmel darin weich dünsten. Eine Auflaufform mit Butter ausstreichen, abwechselnd mit einer Schicht Sauerkraut, gekochten Kartoffeln und Hackfleisch füllen. Mit Sauerkraut abschließen und die saure Sahne darüber gießen. Im auf 180 °C vorgeheizten Backofen etwa 45 Minuten backen.

FRISCHE MAULTASCHEN MIT FRANKFURTER KRÄUTERN

Zwischengericht für 4 Portionen:

2	*Eier*
200 g	*Weizenmehl*
1 TL	*Salz*
1 EL	*Sonnenblumenöl*
100 g	*Grüne-Soße-Kräuter, gehackt*
100 g	*Frischkäse*
50 g	*Quark*
2 L	*Gemüsebrühe*

Soße:

100 g	*Sahne*
125 ml	*Gemüsebrühe*
½ TL	*schwarzer Pfeffer, frisch gemahlen*
50 g	*Butter*

Zubereitung:

Die Eier mit dem Mehl, dem Öl und 2 Esslöffeln Wasser zu einem glatten Teig verkneten. Das Salz hinzugeben und den Teig zugedeckt 30 Minuten ruhen lassen. Für die Füllung die Hälfte der Grüne-Soße-Kräuter mit dem Frischkäse und dem Quark glatt rühren. Den Teig portionsweise dünn ausrollen. In 10 x 10 Zentimeter große Rechtecke schneiden. Je einen gehäuften Teelöffel der Füllung daraufgeben. Die Teigkanten anfeuchten und den Teig zu Dreiecken zusammenklappen. Die Ränder mit einer Gabel andrücken. Nun die Maultaschen in die kochende Gemüsebrühe geben. Wenn sie vom Topfboden aufgestiegen sind und oben schwimmen, bei schwacher Hitze noch weitere 10 Minuten gar ziehen lassen. Für die Soße die restlichen Grüne-Soße-Kräuter mit der Sahne und der Gemüsebrühe aufkochen. Fein pürieren und mit Salz und Pfeffer abschmecken. Die Maultaschen durch ein Sieb abgießen und gut abtropfen lassen. Etwas Butter in einer Pfanne schmelzen lassen und die Maultaschen darin schwenken, bevor man sie mit der Soße auf den Tellern anrichtet.

SCHNECKENPFANNE
À LA SÉDUCTRICE SECRÈTE

Betritt man die „geheime Verführerin" im Herzen Frankfurts, wird man neben dem klassischen Warenangebot aus Frankfurts ländlicher Umgebung auch mit Spezialitäten aus allen Teilen der Welt empfangen.

Zwischengericht für 4 Portionen:

24	*Weinbergschnecken (tiefgefroren oder aus der Dose)*
4	*Frühlingszwiebeln*
2	*Knoblauchzehen*
150 g	*weiche Butter*
	Petersilie
	Schnittlauch
	Kerbel
	Dill
	Pfeffer aus der Mühle
	Salz

Zubereitung:

Den Knoblauch und die Frühlingszwiebeln sehr fein hacken und zusammen mit einer Prise Salz zu einer gleichmäßigen Paste zerdrücken. In einem anderen Gefäß die weiche Butter zusammen mit dem in feine Röllchen geschnittenen Schnittlauch, dem gezupften Dill, dem fein gehackten Kerbel und der fein gehackten Petersilie verrühren. Etwa 10 Minuten ruhen lassen und dann den zerdrückten Knoblauch unterrühren. Die Schnecken gut waschen und abtropfen lassen, dann in gefettete Pfännchen geben und mit der Kräuterbutter bestreichen. Nun im Backofen goldbraun überbacken. Dazu wird Weißbrot gereicht.

FEINE HUMMERQUICHE

Zwischengericht für 4 Portionen:

1	Hummer, gekocht (etwa 600 g)	2 EL	Crème fraîche
100 g	Champignons	3 EL	Wasser
1	Karotte	2	Eier
1	Knoblauchzehe	2 cl	Calvados
2	Schalotten	2 EL	Öl
1	Stange Lauch	70 g	Mehl
2 EL	Tomatenmark	100 g	Butter
1 TL	frischer Estragon, gehackt		Cayennepfeffer
1 TL	frischer Thymian, gehackt		Pfeffer aus der Mühle
400 ml	Fischfond		Salz

Zubereitung:

Aus 70 g Butter, Salz, dem Mehl sowie dem Wasser einen Teig kneten und zu einer Kugel formen. In Klarsichtfolie wickeln und eine Stunde im Kühlschrank ruhen lassen. Das Fleisch aus dem Schwanz und den Scheren des Hummers auslösen. Die Schalen und den Kopf des gesäuberten Hummers nun in kleine Stücke hacken und beiseitelegen. Die Karotte und den Lauch in dünne Scheiben schneiden, die Schalotten und den Knoblauch schälen und in Würfel schneiden. Die Hummerstückchen in Öl anbraten und dann die Karotte, den Lauch, die Schalotten sowie den Knoblauch gewürfelt hinzugeben. Unter stetigem Rühren braten, bis die Schalottenwürfel glasig sind, dann alles mit dem Calvados ablöschen. Wenn die Flüssigkeit verkocht ist, mit Fischfond auffüllen und mit dem Tomatenmark vermischen. Dann Salz, Pfeffer, Thymian und Estragon hinzugeben und 90 Minuten köcheln lassen. Die eingekochte Flüssigkeit immer wieder durch Wasser ersetzen. Anschließend den Fond durch ein Sieb geben und dabei die Masse darin gut ausdrücken. Die so entstandene Brühe in einem Topf auf ein Viertel der Menge bei mittlerer Hitze einreduzieren. Den Hummerschwanz und die geputzten Champignons in Scheiben schneiden, in der restlichen Butter leicht andünsten und beiseitelegen. Den Teig aus dem Kühlschrank nehmen, dünn ausrollen und eine gebutterte Springform damit ausschlagen. Mit einer Gabel den Teig einstechen und anschließend 10 Minuten bei 220 °C im vorgeheizten Backofen vorbacken. Die Hummer- und Champignonscheiben auf dem vorgebackenen Teigboden verteilen und die Hummerscheren darauf arrangieren. Die Eier zusammen mit der Crème fraîche unter den nicht zu heißen Fond schlagen und nochmals mit Salz, Pfeffer und dem Cayennepfeffer würzen. Dann die Mischung gleichmäßig über die Hummerscheiben gießen und die Quiche 30 Minuten im Backofen bei 160 °C backen.

KARTOFFELPUDDING NACH ART DER FRANKFURTER MARKTFRAUEN

Dieses Rezept stammt noch aus der Zeit, als leckere Puddings mit frischen Zutaten vom Markt statt mit Puddingpulver zubereitet wurden.

Nachspeise für 4 Portionen:

500 g	*Kartoffeln, geschält*
1	*Becher Sahne*
5	*Eier*
	abgeriebene Zitronenschale
	Zucker
	Salz
	Semmelbrösel
	Butter
1	*verschließbare Puddingform*

Zubereitung:

Die Kartoffeln mit der Schale gar kochen und erkalten lassen. Dann diese schälen und zu einer gleichmäßigen Masse zerdrücken. Die Eier trennen und das Eigelb mit der Sahne in eine Schüssel geben und gut durchrühren. Je nach Geschmack abgeriebene Zitronenschale, Zucker und eine Prise Salz hinzufügen und erneut gut durchrühren. Diese Mischung zu der Kartoffelmasse geben und unter stetigem Rühren so viele Semmelbrösel hineinstreuen, dass eine dicke Masse entsteht. Zum Backen die Puddingform mit der Butter ausfetten, mit der Masse etwa zur Hälfte füllen und mit dem Deckel fest verschließen. Die Form in einen Topf mit kochendem Wasser geben und wenn nötig beschweren. Darauf achten, dass das Wasser fast bis zum Rand der Form reicht, gegebenenfalls im Laufe des Kochvorgangs etwas Wasser nachfüllen. Nach 75 Minuten die Form aus dem Wasserbad nehmen, den Deckel öffnen und den Pudding stürzen. Auf einem Gitterrost erkalten lassen, so löst sich der Pudding von selbst aus der Form. Dazu kann heiße Himbeersoße oder kalte Vanillesoße serviert werden.

KREPPEL MIT HENNINGER

Der Geheimtipp für die „Frankfurter Fassenacht".

Backwaren für 8 Portionen:

200 g	*Mehl*
200 ml	*Henninger Export*
½ Pkg.	*Backpulver*
1	*Ei*
75 g	*Zucker*
	Zucker zum Wälzen

Zubereitung:

Das Mehl mit dem Backpulver vermischen und dann alle Zutaten in einer Schüssel zu einem Teig verrühren. Jeweils 1 Esslöffel Teig in eine Fritteuse geben und ausbacken lassen. Anschließend den heißen Kreppel in Zucker wälzen.

Auf der Kaiserstraße

Napoleon bei Bethmann

BROKER´S INN

Hohe Häuser und die Regentschaft des Geldes waren für weniger Betuchte schon immer schwer zu ertragen und denen, die auf der Gewinnerseite standen, wurde das schwer Erarbeitete somit nicht einmal gegönnt. Entgegen der landläufigen Meinung, dass Geld fließe, erkannte man schnell, dass dem anders ist: Es klumpt.

Dass in Frankfurt das Geld klumpt, ist bestimmt jedem klar, der versucht, zwischen den vielen, meist dunkel gekleideten Herren der internationalen Banken in der Mittagszeit einen Tisch zu ergattern, und lächelnd könnte man fast erahnen, dass sich der Beruf in der Bestellung widerspiegelt, denn je nach persönlicher Hausse oder Baisse liegt die Spanne der Bestellung zwischen magerem Salat oder kleiner Hummerplatte mit Champagner.

Die Broker allerdings, die in Frankfurt genauso zu Hause sind wie an den anderen Börsenplätzen der Welt, sind hin und wieder auch gerne mal unter sich, und da bleibt dann nur die Flucht in Clubs oder andere Refugien, in denen Gleichgesinnte zu finden sind und die einen Hauch von Internationalität und Exklusivität mit sich tragen, um über den Genuss des Weines, des Essens und der Zigarren hinaus sich mit anderen Sinnesreizen zu beschäftigen und jene des teuren Tagesgeschäftes zu vergessen.

APFELMUFFINS

Noch warme Muffins mit einem Aroma von Apfelwein und Amaretto zu
einer guten Tasse Kaffee sind ein ideales zweites Frühstück, wenn das Klima
an der Börse mal wieder etwas rauer ist.

Zum Frühstück für 1 Muffinblech:

200 g	Haferflocken	2	Äpfel
150 g	Weizenmehl	1	Ei
100 g	brauner Zucker	2 EL	Öl
1 EL	Backpulver	100 ml	Apfelsaft
1 TL	abgeriebene Zitronenschale	100 ml	Apfelwein
1 TL	abgeriebene Orangenschale	2 cl	Amaretto
1 TL	Zimt		

Zubereitung:

Die Haferflocken, das Mehl, den Zucker, das Backpulver, die Orangen- und
Zitronenschalen miteinander gut verrühren. Die Äpfel waschen, vierteln und
dabei das Gehäuse entfernen. Die Schale an den Äpfeln lassen, diese in kleine
Würfel schneiden und unter die vermengten Zutaten heben. In einer weiteren
Schüssel das Ei aufschlagen und Öl, Amaretto, Apfelwein und Apfelsaft hinzu-
geben. Dann alles gut verrühren, einen Moment ziehen lassen und dann zu den
trockenen Zutaten hinzugießen. So lange rühren, bis alles gut durchfeuchtet ist.
Papierförmchen in die Muffinform geben und mit Teig bis zum Rand auffüllen.
Im vorgeheizten Backofen bei 200 °C etwa 20 bis 25 Minuten backen.

GEBRATENE GÄNSELEBER
MIT APFELWEIN-ASPIK

Vorspeise für 4 Portionen:

1	Gänseleber (entweder eine Stopfleber oder mehrere Stücke „gesunde" Leber)
20 g	Mehl
50 g	Butter
200 g	Äpfel
	Salz
	Milch
1 Pkg.	Aspikpulver, ausreichend für 500 ml
500 ml	Apfelwein
1–2 EL	Zucker

Zubereitung:

Den Apfelwein mit dem Zucker kurz aufkochen und die Packung Aspikpulver einrühren. Diese Flüssigkeit etwa 1,5 Zentimeter hoch in eine flache Schale gießen
und diese über Nacht in den Kühlschrank stellen, damit das Aspik fest wird. Die
Gänseleber etwa eine dreiviertel Stunde in der Milch einlegen, dann die Haut
entfernen und die Gänseleber in Scheiben schneiden. Diese vorsichtig in Mehl
wenden und sofort in heißer Butter auf jeder Seite etwa 3 Minuten anbraten.
Herausnehmen und mit Salz bestreuen. Die geschälten und entkernten Äpfel in
Scheiben schneiden, in der Butter anbraten und zusammen mit den Leberscheiben anrichten. Das Aspik in kleine Würfel schneiden und um die Leberscheiben
garnieren. Dazu Toast oder noch besser „Brioche" reichen.

HANDKÄS´-SOUFFLÉ AUF ROTE-BETE-CARPACCIO

Vorspeise für 4 Portionen:

750 g	*frische Rote Bete*	10	*Kerbelzweige*
2 EL	*Weißwein, trocken*	40 g	*Butter*
3 EL	*Weißweinessig*	250 ml	*Milch*
	Salz	140 g	*Handkäse*
	Pfeffer aus der Mühle	4	*Eier*
	Koriandersamen		*Butter zum Einfetten der*
	Muskatnuss, frisch gerieben		*Förmchen*
		3 EL	*Semmelbrösel*

Zubereitung:

Die Rote Bete mit etwas Wasser besprengen und in einer Aluminiumfolie fest verschließen. Im auf 200 °C vorgeheizten Backofen etwa 90 Minuten garen, dann herausnehmen und beiseitestellen, bis sie erkaltet ist. Jetzt können die Schale abgezogen und die Knollen in dünne Scheiben geschnitten werden. Diese auf den Tellern nebeneinander anrichten. Aus dem Weißwein, dem Weißweinessig, Salz, Pfeffer und dem gestoßenen Koriander eine Marinade mischen und diese über den Rote-Bete-Scheiben verteilen. Anschließend mit den gezupften Kerbelblättchen überstreuen. Für das Soufflé in einem mittleren Topf die Butter zerlassen und darin das Mehl anschwitzen. Dann langsam die Milch zugießen und nach dem Glattrühren kurz aufkochen lassen. Mit Salz, Pfeffer und Muskatnuss abschmecken. Den Handkäse in kleine Stücke schneiden, hinzufügen und unter gleichmäßigem Rühren schmelzen lassen. Nun langsam das Eigelb unterziehen. Das Eiweiß in einem separaten Gefäß steif schlagen und vorsichtig unterziehen. 4 Souffléförmchen mit der Butter ausstreichen und mit den Semmelbröseln ausstreuen. Überflüssige Semmelbrösel aus den Förmchen schütten. Die Förmchen mit der Käsecreme zu 2/3 auffüllen und im auf 225 °C vorgeheizten Backofen etwa 15 Minuten backen. Sofort nachdem das Soufflé aus dem Ofen kommt, auf dem Rote-Bete-Carpaccio anrichten und servieren.

SALAT MIT GRÜNE-SOSSE-DRESSING

Ein Salatdressing mit Essig, Öl und mit Kräutern der Grünen Soße auf
Vinaigrette-Basis. Es passt zu allen Blatt- und Gemüsesalaten sowie zu
gekochtem Spargel.

Salat für 4 Portionen:

1 Kopf	*Salat*

Dressing:

1 EL	*Weißweinessig*
¼ TL	*Salz*
2–4 Msp.	*Zucker*
1 Msp.	*schwarzer Pfeffer aus der Mühle*
4 EL	*Öl*
½ TL	*Senf*
1	*Schalotte*
1	*kleiner Bund Kräuter für Grüne Soße*
	(7-Kräuter-Mischung oder: Pimpinelle, Kerbel, Borretsch,
	Petersilie, Schnittlauch, Kresse, Sauerampfer)
1	*Ei, hartgekocht, gewürfelt*
1	*Cornichon, fein gehackt*

Zubereitung:

In einer Schüssel den Weißweinessig mit dem Salz, dem Zucker und etwas Pfeffer
mit einem kleinen Schneebesen so lange rühren, bis sich Salz und Zucker aufgelöst haben. Dann das Öl und den Senf unterrühren, bis sich Essig und Öl zu einer
Emulsion verbunden haben. Die Schalotte schälen und sehr fein würfeln, die
Kräuter für die Grüne Soße, ohne Stängel, fein hacken und mit dem Ei und der
eingelegten Gurke unterrühren. Den Salat putzen, waschen, auf Tellern anrichten
und das Dressing darüberträufeln.

ENTRECÔTE DOUBLE
À LA BÖRSIANER

Hauptspeise für 4 Portionen:

2	Roastbeef à 400 g, daraus Entrecôte double schneiden und plattieren	½ TL	Currypulver, mild
		½	Zitrone, davon die abgeriebene Zitronenschale
1 EL	Öl zum Braten	1 TL	Zitronensaft
1 Bund	Petersilie	1	Knoblauchzehe
	etwas Kräuter: (Grüne-Soße-Kräutermischung: Pimpinelle,	1 TL	Senf
	Kerbel, Borretsch, Petersilie,	½ TL	Worcester-Soße
	Schnittlauch, Kresse, Sauerampfer), frisch und	1 EL	Cognac
		100 ml	Sahne
	fein gehackt	150 g	Butter, gesalzen
			Pfeffer aus der Mühle
			Salz

Zubereitung:

Zunächst eine Servierplatte im Backofen bei etwa 80 °C vorwärmen. Die Entrecôtes doubles mit Salz und Pfeffer würzen. Das Öl in einer Pfanne erhitzen und die Entrecôtes rundherum (auch an den Enden) scharf anbraten. Je nach Dicke der Fleischstücke 2,5 bis 3 Minuten braten. Aus der Pfanne nehmen und auf die vorgewärmte Platte geben. Diese im Ofen bei 80 °C etwa 60 Minuten (blutig, saignant) oder 1,5 Stunden (rosa, à point) garen lassen. Die gesalzene Butter bei Zimmertemperatur weich werden lassen. Wenn keine gesalzene Butter zur Verfügung steht, normale Butter verwenden und etwas mehr Salz zugeben. Die Butter in einer Schüssel flockig rühren. Die fein gehackten Kräuter zur Butter geben, die Knoblauchzehe schälen, zerdrücken und hinzugeben. Dann den Senf, das Currypulver, die fein geriebene Zitronenschale, den Zitronensaft, die Worcester-Soße und den Cognac darunterrühren. Nochmals mit Salz und Pfeffer abschmecken. Unmittelbar vor dem Servieren die Kräuterbutter in eine Pfanne geben, aufschäumen lassen und die Sahne einrühren. Die Entrecôtes doubles quer zur Fleischfaser in Scheiben schneiden, auf die Platte zurückgeben und mit der Soße umgießen. Sofort servieren und dazu Bratkartoffeln reichen.

SCHWEINEKOTELETT MIT APFELWEIN

Hauptspeise für 5 Portionen:

5	*Schweinekoteletts*
250 g	*Kochäpfel*
1 L	*Apfelwein*
100 g	*Hartkäse, geriebenen*
100 g	*Semmelbrösel, gebräunt*
250 g	*Zwiebeln, in Scheiben geschnitten*
125 g	*Champignons, in Scheiben geschnitten*
	Butter zum Bestreichen der Form
	Pfeffer aus der Mühle
	Salz
	Brunnenkresse zum Garnieren

Zubereitung:

Die Äpfel schälen, das Kerngehäuse ausstechen und die Äpfel in Scheiben schneiden. Eine hohe Auflaufform mit Butter auspinseln. Den Boden der Form mit den Äpfeln, den Zwiebelscheiben sowie den Champignons auslegen und mit Pfeffer und Salz würzen. Die Koteletts darüberlegen und dann mit dem Apfelwein übergießen. Je kräftiger der Apfelwein ist, umso besser wird das Ergebnis. Den geriebenen Käse mit den in einer Pfanne gebräunten Semmelbröseln vermischen und über die Koteletts streuen. Im auf 200 °C vorgeheizten Backofen eineinviertel bis anderthalb Stunden backen. Mit Brunnenkresse garniert servieren. Dazu Kartoffelbrei oder Brot reichen.

HAUSSIER-PUDDING MIT BRATWURST

Ein „Haussier" ist in der Börsensprache jemand, der mit steigenden Kursen
rechnet. Da Mit-Gewinn-Rechnen und Gewinn-Machen nicht das Gleiche ist,
gibt es für ihn „Worscht" statt Roastbeef.

Hauptspeise für 6 Portionen:

6	*grobe Bratwürste (z. B. Bauernbratwurst aus der Rhön)*
200 g	*Mehl*
4	*Eier*
500 ml	*Milch*
3 EL	*Butter oder Schweineschmalz*
1 TL	*Salz*

Zubereitung:

Das Mehl mit dem Salz mischen und in eine Schüssel sieben. Die Milch mit den
Eiern verrühren und in das Mehl einrühren. Dann die erwärmte Milch zu dem
Teig gießen und glatt rühren. Die Bratwurst mit der Butter in einer Pfanne braun
anbraten, aus der Pfanne nehmen. In 12 kleine Backförmchen (Souflé-Förmchen
o. Ä.) etwas von dem Bratfett aus der Pfanne geben und im Backofen etwa
5 Minuten erhitzen. Die Backförmchen aus dem Ofen nehmen und den Teig
gleichmäßig auf die Backförmchen aufteilen. Die gefüllten Backförmchen auf der
mittleren Schiene in den auf 210 °C vorgeheizten Backofen geben. Auf einem
Rost darüber die Bratwürste so anordnen, dass das Fett in die Förmchen tropfen
kann. 10 bis 15 Minuten backen, bis die Törtchen aufgegangen sind. Heiß servieren.

GREENBACK

Greenback ist die Bezeichnung für den US-Dollar. Auch auf dem Frankfurter Parkett werden die wichtigen internationalen Kurse in Greenbacks gerechnet. Dieser Begriff ist auf die Farbgebung der Banknoten zurückzuführen. In der Küche ist dies jedoch ein Stück Rinderrücken mit Kräuterkruste – ein Greenback, den man essen kann.

Hauptspeise für 4 Portionen:

500 g	*Rinderrücken*
100 g	*Schweinemett*
50 g	*Hartkäse (Parmesan oder Greyerzer)*
1 Zweig	*frischer Salbei*
1 Bund	*Koriander*
2 EL	*Olivenöl*
	Öl zum Braten
	Pfeffer aus der Mühle
	Salz

Marinade:

	Olivenöl
	1 Knoblauchzehe, zerdrückt

Zubereitung:

Den Rinderrücken mit Öl und dem darin vermischten Knoblauch bestreichen. In eine Schüssel geben und ein bis zwei Tage abgedeckt an einem kühlen Ort marinieren lassen. Danach aus der Schüssel nehmen, etwas abtupfen und mit Salz und Pfeffer würzen. In heißem Öl von allen Seiten kurz anbraten. Aus der Pfanne nehmen und abkühlen lassen. Die Salbeiblätter und den Koriander sehr fein hacken. Den Hartkäse reiben und mit den Kräutern und dem Schweinemett verkneten. Anschließend diese Mischung auf die Oberseite des Rinderrückens geben und gut andrücken. Auf das Backblech geben und im vorgeheizten Backofen 25 Minuten braten. Wenn der Braten innen durchgebraten sein soll, diesen 5 Minuten länger braten. Anschließend an einem warmen Ort einige Minuten ruhen lassen, bevor man ihn in Scheiben aufschneidet. Dazu Gemüse und Salate der Saison servieren.

APFELWEINSORBET

Zwischengericht für 4 Portionen:

200 ml	*Apfelwein*
1 kg	*Äpfel*
200 g	*Zucker*
½	*Zitrone, Saft davon*
2 EL	*Calvados, oder mehr*

Zum Servieren:
4 EL   *Calvados*

Zubereitung:

Den Apfelwein mit dem Zucker in eine Kasserolle geben und unter Rühren aufkochen lassen. Die Hitze reduzieren und weitere 2 Minuten köcheln. Dann den Zitronensaft zugießen. Die Äpfel schälen, das Kerngehäuse ausstechen und in Schnitze schneiden. Diese in den köchelnden Wein geben und bei geschlossenem Deckel 5 bis 10 Minuten weich kochen. Anschließend vom Herd nehmen, auskühlen lassen und mit einem Pürierstab oder im Küchenmixer pürieren. Wenn der Brei gänzlich abgekühlt ist, den Calvados unterrühren, ihn in eine Schüssel geben und in das Gefrierfach stellen. Etwa 4 Stunden gefrieren, wobei das Sorbet unbedingt halbstündlich mit dem Schneebesen durchgehoben werden muss, damit ein gleichmäßiges Sorbet entsteht und dieses nicht zu fest gefriert. In Sektgläser portionieren und nach Belieben mit ein oder zwei Esslöffeln Calvados übergießen.

FRANKFURTER SANDWICH

Die Zuneigung zur Grünen Soße geht in Frankfurt recht weit. So erzählt man sich, es gebe sogar Einwohner, die glaubten, der Gründonnerstag beziehe seinen Namen von der einheimischen Spezialität. Bestärkt werden sie in diesem Glauben dadurch, dass es im Kasino der in Frankfurt ansässigen Deutschen Bundesbank seit 1948 an jedem Gründonnerstag Grüne Soße gibt.

Zwischengericht für 3 Portionen:

6	*Toastscheiben*
2 EL	*Remoulade*
60 g	*Eisbergsalat*
100 g	*gekochter Schinken*
60 g	*Gouda, in Scheiben geschnitten*
2	*Eier, hart gekocht*
120 g	*Gurke*
	Grüne-Soße-Kräuter
1 Pkg.	*Frischkäse*
	Pfeffer aus der Mühle
	Salz

Zubereitung:

Die Kräuter der Grünen Soße werden statt mit saurer Sahne und Yoghurt mit Frischkäse angemacht. So wird die Soße dick und läuft nicht vom Sandwich. Die Toastbrotscheiben toasten und mit der Remoulade bestreichen. Auf jeden Toast ein Blatt Eisbergsalat geben. Auf drei Scheiben Toast zusätzlich eine Scheibe gekochten Schinken legen. Die Eier hart kochen, abschrecken und abkühlen lassen. In Scheiben schneiden, auf den Schinkenscheiben verteilen und mit Pfeffer und Salz würzen. Die Grüne Soße darüberstreichen und dann die Gurke ebenfalls in Scheiben darauf verteilen. Mit je einer Scheibe Gouda abdecken und die andere Toastbrotscheibe mit Eisbergsalat darauflegen. Leicht zusammendrücken und diagonal durchschneiden. Auf einem großen Teller servieren.

BANKERCREME

Dass Peanuts in Bankkreisen beliebt sind, ist seit Jahren bekannt. Doch auch die Kirschen haben mit dem Sprichwort: „Auch auf rote Kirschen kann Schnee fallen" seit langem als sprichwörtliche Mahnung zur Vorsicht bei Kapitalanlagen Einzug gehalten. Dieses Speise verbindet die beiden Finanz-Standpunkte zu einer zarten Creme.

Nachspeise für 4 Portionen:

40	*Kirschen*
2	*Eier*
150 g	*Zucker*
200 ml	*Milch*
200 ml	*Sahne*
1	*Zitrone, Schale davon*
	einige Erdnüsse (Peanuts)
	Butter

Zubereitung:

Die frischen Kirschen waschen, trocken tupfen und entsteinen. Auf 4 feuerfeste, mit Butter gefettete Backförmchen verteilen. Die Milch mit Zitronenschale erhitzen, jedoch nicht zum Kochen bringen. Die Eier mit 80 g Zucker mit dem Küchenmixer schaumig schlagen und dann die Milch und die Sahne unterziehen. Die so erhaltene Masse durch ein Sieb streichen und auf 4 Backförmchen gleichmäßig verteilen. Etwa 25 bis 30 Minuten im auf 170 °C vorgeheizten Ofen backen. Anschließend herausnehmen und erkalten lassen. Die gerösteten Erdnüsse, wenn nötig, noch schälen, grob hacken und über die Creme streuen. Den restlichen Zucker in einer kleinen Pfanne bei mittlerer Hitze karamellisieren, sofort flüssig auf die Creme gießen und diese bis zum Servieren in den Kühlschrank stellen.

BETHMÄNNCHEN-CREME

Nachspeise für 4 Portionen:

100 g	Marzipanrohmasse	4 EL	Wasser
50 g	Mandeln, gerieben	4	Eier
125 ml	Sherry Cream	60 g	Zucker
1 EL	Rosenwasser	500 ml	Wasser
250 ml	Sahne	2 Pkg.	Vanillin
1 Pkg.	Gelatine		

Zubereitung:

Die Gelatine mit 2 Esslöffeln Wasser verrühren, quellen lassen und erwärmen. Die Eier trennen und das Eigelb schaumig schlagen. Das Marzipan, die Mandeln, den Zucker und den Vanillinzucker unterrühren. Die Sherry Cream, das Rosenwasser und das restliche Wasser zugießen und gut verrühren. Schließlich die lauwarme Gelatinemischung einrühren und die Creme kalt stellen. In separaten Schüsseln das Eiweiß und die Sahne steif schlagen. Beides unter die Creme ziehen und diese auf Schüsselchen verteilt bis zum Servieren kalt stellen.

BETHMÄNNCHEN

Eine Originalität aus Frankfurt. Auch der hier geborene Johann Wolfgang
von Goethe wusste dies schon. An Weihnachten ließ er sich von seiner Mutter
immer Bethmännchen nach Weimar schicken. Die leckeren Marzipankügelchen
mit den Mandeln wurden im Hause Bethmann, einer angesehenen Frankfurter
Bankierfamilie, kreiert. Die ursprünglich vier Mandelhälften auf dem
Bethmännchen standen für die vier Söhne der Familie. Als ein Sohn starb,
wurden sie nur noch mit drei Mandeln verziert. So ist dies bis heute geblieben.
Für den Namen dieses Gebäcks macht man Napoléon verantwortlich,
der bei einem Aufenthalt im Hause Bethmann gesagt haben soll:
„Geben Sie mir doch noch einmal die kleinen Bethmännchen her!"

Backwaren für 12 Portionen:

500 g	*Marzipanrohmasse*	*Vor dem Backen:*	
130 g	*Puderzucker, gesiebt*	*2*	*Eigelb, mit etwas Wasser*
130 g	*gemahlene Mandeln, ohne Schale*		*verquirlt*
20 g	*Mehl, gesiebt*		
2	*Eiweiß, von kleinen Eiern*	*Nach dem Backen:*	
120	*Mandeln, ohne Schale*	*4 EL*	*Zucker*
		4 EL	*Rosenwasser*

Zubereitung:

Die Marzipanrohmasse, den Puderzucker, die gemahlenen Mandeln, das Mehl
und das Eiweiß in eine Schüssel geben und verrühren. Aus dem gut vermengten
Teig kleine Kugeln formen, welche etwa 1,5 bis 2 cm Durchmesser haben sollten.
Dabei die Hände stets ein wenig feucht haben, um zu vermeiden, dass der Teig
an den Händen kleben bleibt. Insgesamt ergeben sich so 80 Teigkugeln. An jede
Kugel außen 3 Mandelhälften in gleichmäßigem Abstand drücken. Die Kugeln
auf zwei mit Backpapier belegte Bleche setzen und vor dem Backen mit dem verquirlten Eigelb bestreichen. Im auf 150 °C vorgeheizten Backofen (keine höhere
Temperatur) etwa 15 Minuten backen und anschließend aus dem Ofen nehmen.
Die Bethmännchen dürfen gerade anfangen, hellbraun zu werden, sonst werden
sie bitter. Das Rosenwasser und den Zucker in einem kleinen Topf aufkochen
lassen und die noch heißen Bethmännchen zum Schluss damit bestreichen.

KAFFEE BÖRSENAUFSICHT

Getränk für 1 Portion:

4 cl	*Grappa*
2 TL	*brauner Zucker*
1 Tasse	*heißer, starker Kaffee*
	Sahne, leicht angeschlagen
1 Prs.	*Zimt*

Zubereitung:

Den Grappa mit dem braunen Zucker in einem hitzebeständigen Glas über einer Flamme drehend erhitzen, jedoch nicht kochen. Dann mit dem sehr heißen Kaffee langsam bis auf einen Fingerbreit unter dem Glasrand auffüllen. Zuletzt vorsichtig die Sahne darübergeben, eine Prise Zimt daraufstreuen und gleich servieren. Beim Trinken den Kaffee nicht umrühren. Er wird durch die Sahneschicht hindurch getrunken.

Die alte Börse

Stadtbibliothek am Obermainkai

DIE LITERATEN

Es ist nicht nur die Liebe zu den Büchern, sondern auch die Liebe zum Leben, zur Kunst und natürlich auch zum Essen, die Literaten und Gleichgesinnte immer wieder zusammenführt, um Essays und Rezensionen zu besprechen, Gedanken zu verweben, gleichsam als würde der Literat ein Menü zusammenstellen, das er später für seine Leser zubereiten würde. Man trifft sich, isst gemeinsam und zieht sich danach womöglich in den benachbarten Salon zurück, wo sich dann der schwere Duft der Zigarren über die leise sprechende Gesellschaft legt. Der sanfte Brand des Cognacs löst ein wenig die Gedanken und Zungen und läutet so den ungezwungeneren Teil des Abends ein, die Gedanken gehen tiefer und die Notizen des literarischen Gerichts werden im Kopf notiert: Nach dem Essen ist auch vor dem Essen. Später dann am Schreibtisch enden die Gedanken, und die Wörter beginnen ihr eigentümliches Leben, fügen sich aneinander, und die Seele des Literaten verwandelt sich in niedergeschriebene Tinte, wo sie, wenn der Literat sein Handwerk beherrscht, eine funkelnde Seele erhalten. So wächst allmählich ein geschriebenes Menü heran, um dessen voluminöse Mitte sich Einleitung und Nachwort garnieren, fein abgestimmt aufeinander, mit vorsichtigen Übergängen in den einzelnen Kapiteln. Letztlich entsteht das Werk, das von hungrigen Lesern verschlungen wird; die anschließend darüber zu urteilen haben, um welche Kost es sich hier gehandelt hat. Der Literat wird somit zum Koch, der mehr als nur seine Seele zubereitet, die von den einen geliebt und von anderen verachtet wird. Auch hier verhält es sich wieder genauso wie mit dem Essen: „An", „auf" und „neben" sind nicht immer der Garant für ein vorzügliches Essen. Wohl dem, der zu wählen weiß.

Bei soviel literarischem Leben in der Stadt muss dieser oder jener Literat womöglich schon aufpassen, dass ihm beim Schreiben das Leben nicht dazwischenkommt.

SPARGELSOUFFLÉ

Vorspeise für 4 Portionen:

1 kg	Spargel
1	Brötchenhälfte
250 g	gekochter Schinken, in Scheiben geschnitten
125 ml	Weißwein
375 ml	Wasser
600 g	Kartoffeln
½	Handkäse (ein kleiner, sonst nur ein Viertel)
100 g	Crème fraîche
50 g	Gouda, gerieben
55 g	Butter
25 g	Mehl
1 TL	Zucker
20 g	Butter
	Pfeffer aus der Mühle
	Salz

Zubereitung:

Den Spargel schälen und in Stücke schneiden. In dem mit dem Salz, dem Zucker und der Butter aufgesetzten Wasser 10 bis 15 Minuten kochen lassen. Den Spargel herausnehmen, gut abtropfen lassen und von dem Kochwasser ¼ Liter aufbewahren. Die Kartoffeln mit der Schale kochen, pellen und in Scheiben schneiden. Eine gebutterte Auflaufform mit den Kartoffelscheiben auslegen. Dann die ganzen Schinkenscheiben auf die Kartoffelschicht legen und darüber die Spargelstücke verteilen. Die Butter in einen Topf geben und erhitzen. Das Mehl hinzugeben und gut verrühren. Dann das Spargelwasser angießen und unter Rühren aufkochen lassen. Den Handkäse zerbröckeln und zusammen mit der Crème fraîche in die Soße rühren. Mit einem Schuss Weißwein und Pfeffer abschmecken. Das Ganze über den Spargel in der Auflaufform verteilen und zum Schluss den geriebenen Gouda darüberstreuen. Im auf 200 °C vorgeheizten Backofen 25 bis 30 Minuten überbacken. Diese Gericht kann als Vor- oder Hauptspeise serviert werden.

FALSCHE GÄNSELEBER
FÜR ECHTEN HUNGER

Vorspeise für 4 Portionen:

500 g	Kalbs- oder Rinderleber
250 g	Speck, leicht geräuchert
4	Eier, hartgekocht, davon das Eigelb
1 Prs.	Koriander, gemahlen
5 cl	Madeira
3 Prs.	Zucker
	Pfeffer aus der Mühle
	Salz

Zubereitung:

Die Leber und den Speck in Würfel schneiden. Den Speck in eine Pfanne geben und darin braten. Dann die Leber zugeben und beides so lange braten, bis der Speck glasig und die Leber gar ist. Vom Herd nehmen, abkühlen lassen und mit dem Mixer pürieren. Anschließend mit dem Eigelb durch ein Sieb in eine Schüssel passieren. Mit Pfeffer, Salz, etwas Zucker, dem Madeira sowie dem Koriander abschmecken und mit einem Schneebesen gut verrühren. Die Masse in eine Form geben, die Oberfläche glatt streichen und abgedeckt einige Stunden im Kühlschrank ruhen lassen. Dazu frischen Toast reichen.

WÜRZIGES HANDKÄS´-TATAR

Vorspeise für 1 Portion:

200 g	*Handkäse*
20 g	*Butter*
1	*kleine Zwiebel*
1 TL	*Senf*
1	*Eigelb*
	Paprikapulver

Zubereitung:

Den Handkäse und die Butter mit einer Gabel zerdrücken. Die Zwiebeln ganz fein hacken, mit Senf, Paprika und dem Eigelb vermischen. Wenn das Tatar zu scharf geworden ist, etwas Sahne zugeben. Dazu frisch gebackenes Brot reichen.

Die Gerbermühle

RINDFLEISCHPASTETE À LA MARCEL

Vorspeise für 4 Portionen – somit ausreichend für ein Quartett:

Teig:			
250 g	*Mehl*	*175 ml*	*Rinderbrühe*
250 g	*Quark*		*Butterschmalz*
250 g	*Butter*	*1 EL*	*grüner Pfeffer*
	Salz	*125 ml*	*Schmand*
	Muskatnuss		*Rosenpaprika*
			Thymian
Füllung:			*etwas Butter für die Form*
500 g	*Rindersteak*	*1*	*Eigelb*
200 g	*Champignons*		*Pfeffer aus der Mühle*
3	*Zwiebeln*		*Zucker*
			Salz

Zubereitung:

Den Quark, die Butter und das Mehl mit dem Salz und frisch geriebener Muskatnuss in einer Schüssel zu einem glatten Teig kneten. Mit Frischhaltefolie abdecken und etwa 2 Stunden im Kühlschrank ruhen lassen. Das Rindfleisch in kleine Würfel schneiden, in Butterschmalz anbraten, die fein geschnittenen Zwiebeln hinzugeben und goldgelb braten. Mit Salz, Pfeffer und einer Prise Zucker würzen. Mit der Bouillon ablöschen, die Hitze reduzieren und etwa eine halbe Stunde köcheln lassen. Die klein geschnittenen Champignons, den grünen Pfeffer, den Schmand sowie die Kräuter und Gewürze hinzugeben und noch mehrere Minuten braten lassen, bis kein Saft mehr in der Pfanne ist. Den Teig aus dem Kühlschrank nehmen, auf einer bemehlten Platte ½ Zentimeter dick ausrollen, einmal zusammenschlagen und erneut ausrollen. Diesen Vorgang noch zweimal wiederholen, damit der Teig blättrig wird. Eine gefettete Spring- oder Pastetenform mit der ausgerollten Hälfte des Teiges belegen und einen Rand hochziehen. Dabei darauf achten, dass der Teig keine Löcher bekommt. Die Füllung gleichmäßig darauf verteilen. Den restlichen Teig in schöne Streifen schneiden und die Pastete mit einem Teiggitter dekorieren. Besonders schön schaut es aus, wenn das Gitter geflochten wird. Das Gitter mit dem verquirlten Eigelb bestreichen und im auf 200° C vorgeheizten Backofen etwa 45 Minuten backen. Nach dem Backen die Pastete in 4 Tortenstücke schneiden und mit Salat sowie einem Glas trockenen Wein servieren.

SAUERKRAUTPASTETE

„Wer durch des Argwohns Brille schaut, sieht Raupen selbst im Sauerkraut."
Wilhelm Busch, der Zeichner, Maler und Schriftsteller, zog 1868 nach Frankfurt.
Auch lernte er dort Johanna Keßler kennen, die er fortan als eine verständnisvolle
Freundin zu schätzen wusste.

Vorspeise für 4 Portionen:

1 kg	*Sauerkraut*
	Kartoffeln, geschält, in Scheiben geschnitten
	Äpfel, ohne Kerngehäuse, geschält, in Scheiben geschnitten
	Butter
250 ml	*Schmand*
2–3	*Eier*
	etwas Mehl
	Semmelbrösel

Zubereitung:

Das Sauerkraut mit etwas Wasser kurz köcheln lassen. Dann in ein Sieb geben und
abtropfen lassen. Eine Auflaufform dick mit Butter bestreichen und das Kraut,
die Kartoffel- und Apfelscheiben hineinschichten. Die Eier in einer Schüssel
mit dem Schmand sowie etwas Mehl verrühren und über das geschichtete Kraut
geben. Die Auflaufform in ein Wasserbad stellen und im vorgeheizten Backofen
3 Stunden garen. Butter in einer Pfanne erhitzen und reichlich Semmelbrösel
darin rösten, welche man vor dem Servieren über die Pastete streut.

AUTORENSUPPE

„Ich bin ein armer Schreiber nur, hab' weder Haus noch Acker ...“

Die Ackerbohnen, auch Dicke Bohnen genannt, wurden in früheren Zeiten nicht sonderlich geschätzt. So wurden sie an Schweine verfüttert, was ihnen auch den Namen Saubohne einbrachte, oder sie landeten in den Suppentellern der armen Bevölkerung. Heute gelten sie vielerorts bereits als Delikatesse. Ob Wilhelm Busch, der Schreiber des kleinen Verses, diese Suppe schätzte, ist jedoch nicht überliefert.

Suppe für 4 Portionen:

700 g	*Dicke Bohnen, frisch oder tiefgefroren*
1	*Zwiebel*
300 ml	*Milch*
200 ml	*Sahne*
250 ml	*Fleischbrühe*
100 g	*Dörrfleisch*
4	*Frankfurter Würstchen*
2 EL	*Petersilie, fein gehackt*
	etwas Butter
	Pfeffer aus der Mühle
	Salz

Zubereitung:

Die Zwiebel hacken und mit der Butter in einer heißen Kasserolle anbraten. Anschließend mit der Milch ablöschen und die Sahne zugießen. Die Dicken Bohnen und die Fleischbrühe hinzugeben und 10 Minuten kochen lassen. Mit einem Mixer pürieren und weiter köcheln lassen. Das Dörrfleisch quer zur Faser in dünne Scheiben schneiden und in einer Pfanne rösch braten. Anschließend mit den in dünne Scheiben geschnittenen Frankfurter Würstchen zur Suppe geben. Vor dem Servieren die fein gehackte Petersilie unterrühren und mit Pfeffer und Salz abschmecken.

APFELWEIN-CREMESUPPE

Suppe für 4 Portionen:

400 ml	*Gemüsebrühe*
200 ml	*Apfelwein*
250 ml	*Doppelrahm*
1 TL	*Butter*
1	*Zwiebel, gehackt*
2	*Kartoffeln, gewürfelt*
	weißer Pfeffer aus der Mühle
	Salz
	Schnittlauch zum Garnieren, in Röllchen geschnitten

Zubereitung:

Die Zwiebeln in der Butter glasig dünsten. Die Kartoffelwürfelchen dazugeben und mit anziehen lassen. Mit der Gemüsebrühe sowie dem Apfelwein ablöschen und anschließend aufkochen lassen. Dann die Hitze reduzieren und 10 bis 15 Minuten köcheln lassen. Die Suppe mit einem Pürierstab pürieren, mit Pfeffer und Salz abschmecken und mit dem Rahm verfeinern. Vor dem Servieren die Schnittlauchröllchen darüberstreuen.

HANDKÄS´-SUPPE

Suppe für 4 Portionen:

2	*Handkäse, in Würfel geschnitten*
4 EL	*Speck, fein gewürfelt*
2	*Zwiebeln, fein gewürfelt*
1	*Stange Lauch, in Streifen geschnitten*
2	*Kartoffeln, gekocht und geschält*
1	*Knoblauchzehe, zerdrückt*
ca. 1 L	*Gemüse- oder Rinderbrühe*
	etwas Majoran, gekerbelt
	etwas Kümmel, gemahlen

Zubereitung:

Den Speck mit den Zwiebeln und dem Knoblauch in einer Kasserolle anschwitzen. Die in Würfel geschnittenen Pellkartoffeln hinzugeben und mit der Brühe
ablöschen. Mit etwas Salz, frisch gemahlenem Pfeffer und Kümmel sowie etwas
Majoran abschmecken. Nach dem Aufkochen den in Würfel geschnittenen
Handkäse hinzugeben, die Suppe in Tassen füllen und sofort servieren. Die Suppe kann nicht noch einmal erhitzt werden.

SCHWEINEFILET MIT CHAMPIGNONS UND SAUERKRAUTRAHM

Zutaten für 4 Portionen:

600 g	Schweinefilet
400 g	Champignons
4 EL	Sauerkraut
2 El	Butter
400 ml	Kalbsfond
400 ml	Sahne
	Öl zum Braten
4 EL	Petersilie, gehackt
	Pfeffer aus der Mühle
	Salz

Zubereitung:

Die Butter in einer Pfanne erhitzen und das Sauerkraut kurz braten. Anschließend mit dem Fond ablöschen und diesen mit dem Sauerkraut fast ganz einkochen lassen. Die Sahne zugeben und diese zu einer sämigen Soße einkochen lassen. Mit Salz und Pfeffer abschmecken. Die Champignons putzen und in größere Stücke schneiden. Das Öl in einer zweiten Pfanne erhitzen und die Pilze darin schmoren. Dabei gelegentlich umrühren und die Champignons mit Salz und Pfeffer würzen. Das Filet quer in etwa 3 cm dicke Tournedos schneiden. Diese mit Salz und Pfeffer würzen und dann von jeder Seite etwa 3 Minuten in heißem Öl braten. Die Portionen auf Tellern anrichten, das Kraut hinzugeben und die Petersilie darüberstreuen.

MUTTER HOFFMANNS ROULADEN

Heinrich Hoffmann eröffnete 1835 eine Praxis in Frankfurt und wurde Leichen-
inspektor in Sachsenhausen. Er war Herausgeber des „Frankfurter Hinkenden Boten" und schrieb den „Struwwelpeter", um seinen kranken Sohn zu unterhalten.
 Im Gegensatz zur heutigen Zubereitung von Rouladen soll Frau Hoffmann die
Rouladen mit einer dünnen Scheibe Speck umwickelt und auf dem Rost im Backofen gegrillt haben. Der Speck verhinderte, dass die Rouladen trocken wurden.

Hauptspeise für 4 Portionen:

4	sehr dünne Scheiben vom Rind	5	Zwiebeln, fein gehackt
4 EL	scharfer Senf	200 g	Champignons, fein gehackt
4 Streifen	Speck oder Rauchfleisch	2–3 EL	Preiselbeermarmelade
2	Essiggurken, in feine Streifen		Rosmarin
	geschnitten		Thymian
4	hartgekochte Eier, gehackt	200 g	Sahne
500 ml	Rotwein		Pfeffer aus der Mühle
500 ml	Fleischbrühe		Salz

Zubereitung:

Das Rouladenfleisch innen mit dem Senf bestreichen, pfeffern und salzen. Die
Speckscheibe darauflegen und darüber mehrere Essiggurkenstreifen. Zuletzt das
Ei daraufgeben. Das Ganze zu Rouladen wickeln und verschließen. In einer Pfan-
ne etwas Öl erhitzen und die Rouladen von jeder Seite kurz anbraten. Anschlie-
ßend die feingehackten Zwiebeln und Pilze dazugeben. Den Rotwein sowie die
Brühe angießen und die Preiselbeermarmelade dazugeben. Mit etwas Rosmarin,
Thymian, Salz und Pfeffer abschmecken. Zugedeckt 20 bis 30 Minuten köcheln
lassen. Dann die Rouladen herausnehmen und in den auf 50 °C vorgeheizten
Backofen warm stellen. Die Bratensoße mit der Sahne verfeinern und abbinden.
Zum Servieren die Rouladen auf den Teller geben, mit der Soße übergießen und
dazu gegartes Gemüse reichen.

LACHS-SAUERKRAUT-RAGOUT IM KARTOFFELRAND

Hauptspeise für 4 Portionen:

Ragout:		Kartoffelrand:	
400 g	*Lachsfilet*	*500 g*	*Kartoffeln, mehlig kochend*
250 g	*Sauerkraut, mild*	*1*	*Ei*
1	*Zwiebel*	*2 EL*	*Butter*
200 ml	*Weißwein, trocken*		*Muskatnuss, frisch gerieben*
1 EL	*Butter*	*1–2 EL*	*Speisestärke*
150 g	*Sahne*		*Pfeffer aus der Mühle*
1 EL	*Petersilie, gehackt*		*Salz*
	Zitronensaft		
	Pfeffer aus der Mühle		
	Salz		

Zubereitung:

Die Kartoffeln schälen, in Stücke schneiden und in kochendem Wasser etwa 20 Minuten gar kochen. Danach das Kochwasser gründlich abgießen. Die Kartoffeln zu Püree stampfen, das Ei und die Butter unterrühren und mit Pfeffer, Salz sowie etwas Muskat würzen. Das Püree soll relativ steif sein. Wenn es zu dünn ist, einfach etwas Speisestärke unterrühren. Anschließend in einen Spritzbeutel füllen und mit der großen, sternförmigen Tülle auf jeden Teller einen breiten Kartoffelring spritzen. Die Teller im auf 180 °C vorgeheizten Backofen 25 Minuten überbacken und anschließend im abgeschalteten Backofen bis zum Servieren warm halten. Für das Ragout den Lachs in 2 x 2 Zentimeter große Stücke schneiden. Die geschälte Zwiebel in feine Würfel schneiden. Das Sauerkraut in einem Sieb mit Wasser abspülen und gut abtropfen lassen. In einer Pfanne die Butter erhitzen und die Zwiebeln darin glasieren. Dann das Sauerkraut und den Wein hinzugeben und bei schwacher Hitze und unter mehrmaligem Wenden köcheln lassen, bis der Wein eingekocht ist. Die Sahne hineingeben und etwas einkochen lassen. Mit Pfeffer, Salz und etwas Zitronensaft abschmecken, bevor man die Lachsstücke zum Kraut gibt, um sie darin etwa 4 Minuten gar ziehen zu lassen. Das Lachsragout mit dem Kraut in die Kartoffelringe verteilen und etwas frische Petersilie darüberstreuen.

RIPPCHEN MIT BACKPFLAUMEN

„Rippchen" nennt man in Frankfurt die in Salzlake mild
gepökelten Kotelettstücke aus dem Schweinskarree.

Hauptspeise für 4 Portionen:

4	*Rippchen (je 200 g)*
100 g	*Backpflaumen*
200 ml	*Apfelwein*
2 EL	*Öl*
30 g	*Butter*
100 ml	*Hühnerbrühe*
	Pfeffer aus der Mühle
	Salz

Zubereitung:

Das Öl in einer Pfanne erhitzen und die mit Pfeffer gewürzten Rippchen von beiden Seiten darin braten. Anschließend aus der Pfanne nehmen und beiseitestellen. Den Bratenfond mit dem Apfelwein ablöschen und mit einem Schaber lösen,
wenn nötig. Die Backpflaumen vierteln, in die Pfanne geben, die Hühnerbrühe
zugießen und alles bei schwacher Hitze etwas einkochen lassen. Dann die Pfanne
vom Herd nehmen und die in kleine Stücke geschnittene Butter mit dem Schneebesen unter die Soße ziehen. Schließlich mit Pfeffer und Salz abschmecken. Die
Rippchen im Backofen kurz erwärmen, mit der Soße auf den Tellern anrichten
und dazu Kartoffelpüree oder Salzkartoffeln reichen.

EIERKUCHEN MIT RIPPCHEN-CREME

Hauptspeise für 4 Portionen:

200 g	Rippchen ohne Knochen
50 g	Speck, ungeräuchert
200 g	Champignons, frisch
5	Eier
1	Kartoffel, gekocht
1 EL	Öl
1	Zwiebel, in Würfel geschnitten
1 Bund	Petersilie
350 g	Mehl
250 ml	Mineralwasser
400 ml	Milch
	Muskatnuss, gemahlen
	Cayennepfeffer
100 ml	Fleischbrühe
3 EL	Sahne
	Fett zum Backen
	Pfeffer aus der Mühle
	Salz

Zubereitung:

Die Kartoffel pellen und mit den Rippchen, dem Speck und den geputzten Pilzen durch den Fleischwolf drehen. Das Öl in einer Pfanne erhitzen und die Zwiebel darin glasig dünsten. Die Fleisch-Pilz-Mischung hinzugeben und mit etwas Salz, Pfeffer, Muskatnuss und Cayennepfeffer kräftig würzen. Anschließend mit der Fleischbrühe und der Sahne auffüllen und etwas einkochen lassen, damit eine cremige Soße entsteht. Zum Schluss der Garzeit die gewaschene Petersilie fein hacken und einrühren. Für die Eierkuchen die Eier in einer Schüssel verquirlen, das Mehl, das Wasser und die Milch hinzufügen und zu einem glatten, flüssigen Teig verrühren. Etwas Salz hineinrühren, das Fett in einer Pfanne erhitzen und jeweils eine kleine Schöpfkelle Teig hineingeben. Die Eierkuchen von beiden Seiten goldgelb backen, mit der Rippchen-Creme bestreichen, aufrollen, schräg in Scheiben schneiden und mit etwas frischer Petersilie dekoriert sofort servieren.

APFELWEINPARFAIT
MIT TROCKENÄPFELN

Nachspeise für 4 Portionen:

300 ml	Apfelwein		2	Eier, getrennt
2 Stangen	Zimt		180 ml	Sahne
1	Sternanis-Samen		6 EL	Zucker
100 g	getrocknete Apfelringe, in Achtel geschnitten		1 Prs.	Salz

Zubereitung:

Die 4 Förmchen von jeweils etwa 180 ml Volumen in das Gefrierfach stellen und darin längere Zeit abkühlen lassen. Den Apfelwein mit dem Zimt und dem Sternanis-Samen in eine Kasserolle geben und aufkochen lassen. Dann vom Herd nehmen und zugedeckt 5 Minuten ziehen lassen. Die Flüssigkeit durch ein Sieb gießen, die Hälfte davon in eine Schüssel geben und die getrockneten Apfelstückchen darin abgedeckt ziehen lassen. Die restliche Flüssigkeit in der Kasserolle auf etwa 100 ml einkochen und anschließend abkühlen lassen. Das Eigelb und 3 Esslöffel Zucker in eine Rührschüssel geben und mit dem Küchenmixer so lange rühren, bis die Masse hellgelb geworden ist. Den abgekühlten Apfelwein hinzugießen und im heißen (aber nicht kochenden) Wasserbad etwa 4 Minuten schlagen, bis die Masse schaumig ist. Nun die Schüssel aus dem Wasserbad nehmen, noch etwas weiterrühren und die Masse anschließend abkühlen lassen. Die Sahne steif schlagen und unter die Masse heben. Das Eiweiß mit dem Salz in die saubere Rührschüssel geben und mit dem Küchenmixer steif schlagen. Anschließend 1 Esslöffel Zucker unterheben und den Schnee noch kurze Zeit weiterrühren. Den Eischnee vorsichtig unter die Masse ziehen, in die eiskalten Förmchen verteilen und die Oberfläche glatt streichen. Mit Frischhaltefolie abdecken und im Gefrierfach 4 Stunden einfrieren. Die Apfelstücke durch ein Sieb geben und gut abtropfen lassen. Den Wein in ein Pfännchen geben und mit 2 Esslöffeln Zucker einkochen lassen, bis die Flüssigkeit eine sirupartige Konsistenz erreicht hat. Dann vom Herd nehmen und zugedeckt abkühlen lassen. Zum Servieren die Förmchen kurz in kaltes Wasser stellen und das Parfait mit einem Messer am Rand lösen. Je ein Schüsselchen auf einen Teller stürzen, den Sirup mit einem Löffel darüberträufeln und mit den Apfelstücken servieren.

ORIGINAL FRANKFURTER PUDDING MIT BISCHOFSSOSE

Nachspeise für 4 Portionen:

250 g	Weißbrotwürfel	*Soße:*	
4	Eier	500 ml	Rotwein
375 ml	Milch	4 EL	Johannisbeergelee
100 g	Butter	50 g	Zucker
4 EL	Zucker	2 EL	Speisestärke
50 g	Mandeln, gehackt	1	Zitrone, abgeriebene Schale
50 g	Zitronat		davon
50 g	Orangeat		Nelken
½	Zitrone, abgeriebene Schale		Zimt
	davon		
3 EL	Rotwein		
1 EL	Rum		
1 TL	Zimt, gemahlen		
1 TL	Nelke, gemahlen		

Zubereitung:

Die Butter in einer Pfanne erhitzen und die Hälfte der Weißbrotwürfel darin anrösten. Dann in eine Schüssel geben, mit dem restlichen Weißbrot mischen und
die Milch darübergießen. Den Zucker, die gehackten Mandeln und die Gewürze,
die geriebene Zitronenschale sowie das Orangeat und das Zitronat unterrühren.
Die Eier mit dem Rum und dem Rotwein verquirlen und über die Masse geben.
Eine feuerfeste Form mit Butter ausstreichen, die Puddingmasse einfüllen und
im auf 175 °C vorgeheizten Ofen etwa 40 Minuten backen. Für die Soße den
Rotwein mit dem Zucker, dem Johannisbeergelee, der Zitronenschale und den
Gewürzen in einem Topf aufkochen lassen. Die Speisestärke in etwas Rotwein
auflösen und in die Soße rühren. Kurz aufkochen und danach abkühlen lassen.
Den Frankfurter Pudding warm servieren und die Bischofssoße dazureichen.

FRANKFURTER GÖTTERSPEISE

Nachspeise für 4 Portionen:

500 ml	*Frankfurter Äppelwoi*
4	*Eier*
50 g	*Zucker*
250 ml	*Sahne*
1½ Pkg.	*Gelatine, gemahlen*

Zubereitung:

Die Eier trennen und das Eigelb mit dem Zucker in einer Schüssel schaumig rühren, dabei langsam den Apfelwein zugießen. Dann die Gelatine gemäß der Anleitung auf der Packung in etwas Apfelwein auflösen und diese dann unter den Eischaum schlagen. Nun zunächst das Eiweiß steif schlagen und in einer weiteren Schüssel die Sahne ebenfalls steif schlagen. Wenn die Eigelb-Mischung dick zu werden beginnt, zunächst die Sahne und anschließend den Eischnee unterziehen. Vor dem Servieren einige Stunden im Kühlschrank ruhen lassen.

Das Belvedersche

FRANKFURTER BRENTEN

Brenten werden mit Modeln geformt und gehörten schon zu Goethes Lieblingsspeisen. Eduard Mörike verfasste sogar ein Gedicht über die Zubereitung der Frankfurter Brenten, in dem es heißt: „... nun aber bringe das Gebrodel in eine Schüssel (der Poet, weil ihm der Reim über alles geht, will schlechterdings hier einen Model, indes der Koch auf ersterer besteht.)" und er uns zum Schluss den Rat erteilt „Zuletzt – das wird der Sache frommen – den Bäcker scharf in Pflicht genommen, dass sie schön gelb vom Ofen kommen!"

Backwaren für 1 Blech:

250 g	*Mandeln, fein gemahlen*
4–5 EL	*Rosenwasser*
250 g	*Puderzucker*
1	*Eiweiß*
35 g	*Mehl*
	Zucker

Zubereitung:

Die Mandeln in einen Topf geben. Das Rosenwasser und den Puderzucker hinzugeben und verrühren. Die Masse bei schwacher Hitze so lange rühren, bis sie sich trocken anfühlt. Vom Herd nehmen und über Nacht ruhen lassen. Das Eiweiß steif schlagen, mit dem Mehl unter die Mandelmasse heben und kurz durchkneten. Den Teig auf dem Zucker 5 Millimeter dick ausrollen und in bemehlte Brentenformen drücken. Die überstehenden Teigränder abschneiden. Das Backblech mit Backtrennpapier auslegen, die Brenten aufsetzen und 3 Stunden trocknen lassen, bevor man sie im auf 150 °C vorgeheizten Backofen 20 bis 25 Minuten backt.

Die „Bethmännchen", „Brenten" und „Quetschemännchen" sind seit Jahrhunderten in Frankfurt zu finden und wurden früher in großen Mengen hergestellt. Es war beispielsweise im 19. Jahrhundert üblich, dass ein Kavalier seiner Verehrten ein „Quetschemännchen" in das Haus schickte. Sandte sie dieses zurück, würden wir das heute als „Korb geben" bezeichnen, behielt sie es, so durfte er weiterhin hoffen, erhört zu werden.

HESSISCHER EIERPUNSCH

Wärmt an kalten Tagen und hilft gegen Hunger und Durst.

Getränk für 4 Portionen:

1 L	*Apfelwein*
4	*Eier*
200 g	*Zucker*
	Zimt, gemahlen

Zubereitung:

Die Eier mit dem Apfelwein sowie dem Zucker verrühren und die Mischung langsam erwärmen. Jedoch nicht zum Kochen bringen, da das Ei sonst ausflocken kann. Den Punsch in Tassen gießen und mit Zimt bestreuen.

Clemens Brentano

Frankfurts alte Synagoge

NEU-ÄGYPTEN

Vermutlich war Johann Wolfgang von Goethe einer der berühmtesten Besucher der Frankfurter Judengasse, die bereits 1462 auf einen Erlass von Kaiser Friedrich II. hin unter Protest der Frankfurter Juden und der Patrizier errichtet worden war. Vor der staufischen Mauer, an einem alten Abwassergraben, dem Wollgraben, wurde eine weitere Mauer errichtet. Im Zwischenraum entstand eine mehrere hundert Meter lange Gasse, die von den Juden, die zuvor in der Domgegend gewohnt hatten, besiedelt wurde. Wie ein Exodus aus der Stadtmitte vollzog sich die Besiedelung, und die Frankfurter Juden nannten dieses neues Quartier „Neu-Ägypten".

Goethe beschreibt in seinem Werk „Dichtung und Wahrheit" die größte jüdische Gemeinde Deutschlands, der er sich behutsam und langsam näherte und die man „Klein-Jerusalem" nannte:

„Ich ließ nicht ab, bis ich ihre Schule öfters besucht, einer Beschneidung, einer Hochzeit beigewohnt und von dem Laubhüttenfest mir ein Bild gemacht hatte. Überall war ich wohl aufgenommen, gut bewirtet und zur Wiederkehr eingeladen."

Heute ist die Judengasse mit ihrem unverwechselbaren Charakter, der einzigartigen Kultur und den Bauten ausgelöscht. Was nicht in den Frankfurter Stadtbränden 1711 und 1719 vernichtet wurde, fiel der Stadterweiterung 1870 zum Opfer, und die wenigen Gebäude, die dann noch erhalten waren, wurden in den Brandnächten des letzten Weltkrieges zerstört.

Prominente jüdische Familien lebten über Generationen hinweg in der Stadt, bestimmten ihre Geschicke entscheidend mit, und bekannte Namen, wie Rothschild, Oppenheim und Speyer, sind noch immer klangvoll in den Ohren. Größen des Deutsch-Jüdischen Geisteslebens, wie T.W. Adorno, Erich Fromm und nicht zuletzt Anne Frank, wurden in Frankfurt geboren und vermitteln nur den Hauch eines Bildes, was in den Jahren des Holocausts verlorenging. Heute gibt es in Frankfurt wieder eine prosperierende jüdische Gemeinde, die ein wichtiger Bestandteil des städtischen Lebens ist.

NUSS-SUPPE

Suppe für 4 Portionen:

2 Scheiben	gekochter Schinken
60 g	Haselnüsse, gemahlen
½ L	Rinderbrühe
125 ml	Weißwein, trocken
2 EL	Butter
1 EL	Mehl
1	Eigelb
2 EL	Crème fraîche
2 EL	Petersilie, gehackt
	Worcestersoße
	schwarzer Pfeffer aus der Mühle
	Salz

Zubereitung:

Die Butter in einem Topf schmelzen lassen und das Mehl unter kräftigem Rühren darin anschwitzen. Die Rinderbrühe unter Rühren mit dem Schneebesen angießen, alles kurz aufkochen lassen und dann den Wein dazugeben. Den Schinken in feine Streifen schneiden und dann in die Suppe geben. Die gemahlenen Nüsse in die Suppe einrühren, diese kurz aufkochen lassen und die Hitze anschließend reduzieren. Das Eigelb mit 2 Esslöffeln Wasser verquirlen, zur Suppe geben und alles unter Rühren aufkochen lassen. Die Suppe mit Salz, Pfeffer und Worcestersoße abschmecken. Kurz vor dem Servieren die Crème fraîche und die Petersilie in die Suppe einrühren.

GLASIERTE ENTENKEULE

Hauptspeise für 4 Portionen:

4	*Entenkeulen*
2 EL	*Butterschmalz*
200 ml	*Hühnerbrühe*
100 g	*getrocknete Apfelringe*
100 g	*Apfelkonfitüre*
2 EL	*Sesamkörner*
2 EL	*Semmelbrösel*
	Pfeffer aus der Mühle
	Salz

Zubereitung:

Die Entenkeulen mit Pfeffer und Salz einreiben. Das Butterschmalz in einer Pfanne erhitzen und die Entenkeulen darin anbraten. Dann mit der Hühnerbrühe ablöschen. In den auf 180 °C vorgeheizten Backofen geben und 1 Stunde braten. Die getrockneten Apfelringe sehr klein schneiden, mit der erwärmten Apfelkonfitüre verrühren und nach Beendigung der Bratzeit auf die Keulen streichen. Die Keulen sind gar, wenn sich die Haut unten vom Knochen löst. Die Sesamkörner rösten, mit den Semmelbröseln vermischen und über die eingestrichenen Keulen streuen. Erneut im Backofen unter dem Grill 3 bis 4 Minuten goldbraun überkrusten lassen. Dazu Salzkartoffeln und kalten Rotkohlsalat servieren.

KARPFEN MIT
BETHMÄNNCHEN-FÜLLUNG

Hauptspeise für 4 Portionen:

1	*Karpfen (800 – 1 kg)*
500 ml	*Weißwein (nicht zu trocken)*
60 g	*Bethmännchen, ohne Mandeln*
2 EL	*Mandelblättchen*
1	*Karotte*
1	*Knoblauchzehe, zerdrückt*
2	*Lorbeerblätter*
1	*Nelke*
½ TL	*Pimentpulver*
1 Prs.	*Zimt*
½	*Zitrone, Saft davon*
2 EL	*Butter*
2 EL	*Petersilie, fein gehackt*
	Pfeffer aus der Mühle
	Salz

Zubereitung:

Den Karpfen waschen, trocken tupfen und filieren. Die Gräten grob zerhacken. Die Filets häuten, indem man mit einem Messer zwischen Haut und Fleisch entlangfährt. Die Filets pfeffern, salzen und in einer Pfanne mit etwas Butter von beiden Seiten jeweils 3 Minuten braten. Die Mandelblättchen in einer Pfanne anrösten und beiseitestellen. Die Zwiebel schälen, in Scheiben schneiden und mit der Karotte ebenso verfahren. Dann die Zwiebel- und Karottenscheiben mit etwas Butter und den klein gehackten Gräten in einem großen Topf anschwitzen und mit Weißwein ablöschen. Den zerdrückten Knoblauch, Piment, Zimt, Nelke, Lorbeerblätter und Pfeffer zugeben. Die Bethmännchen zerbröseln und untermischen. Alles 10 Minuten kochen lassen und die Soße anschließend durch ein Sieb passieren. Mit Pfeffer, Salz und dem Zitronensaft abschmecken. Die Soße mit etwas Butter binden, Petersilie untermischen und die Karpfenfilets mit der Soße anrichten. Die Mandelblättchen darüberstreuen und dazu Serviettenknödel oder Salzkartoffeln servieren.

FRANKFURTER BAGELS

Zwischengericht für 4 Portionen:

400 g	Mehl		*Zum Servieren:*
250 ml	Milch		Salatblätter
1	Ei	200 g	Räucherlachs
50 g	Butter	200 g	Doppelrahmfischkäse
20 g	frische Hefe	20 EL	Sauerkraut
1 TL	Salz		Pfeffer aus der Mühle
1 EL	Zucker		
	Mehl zum Bearbeiten		

Zubereitung:

Milch, Butter, Salz und Zucker in einen Topf geben und unter Rühren aufkochen, bis die Butter geschmolzen ist. Dann in eine Schüssel gießen und so lange abkühlen lassen, bis die Mischung lauwarm ist. Die Hefe hineinbröckeln und unter Rühren auflösen. Diese Milchmischung abgedeckt etwa 10 Minuten stehen lassen, bis sie Blasen wirft. Das Eiweiß in einer Tasse verrühren, dann mit einem Schneebesen unter die Milch schlagen. Anschließend nach und nach das Mehl unter die Milch rühren und alles zu einem glatten, weichen Teig verrühren. Diesen etwa 10 Minuten lang kneten, bis er nicht mehr klebt und dann zugedeckt an einem warmen Ort etwa 1 Stunde gehen lassen. Nach dieser Zeit aus dem Teig 20 hühnereigroße (à 40 g) Teigkugeln formen. Jede Kugel in der Mitte durchdrücken, so dass ein Ring entsteht. Diesen mit dem Zeigefinger auf der leicht bemehlten Arbeitsfläche kreisen lassen, bis das Loch einen Durchmesser von etwa 3 cm hat. Die Kringel auf der Arbeitsfläche liegend mit dem Küchentuch zugedeckt erneut etwa 10 Minuten gehen lassen. In einem Topf reichlich Wasser aufkochen. Jeweils 3 bis 4 Teigkringel hineingeben und etwa 1 Minute vorgaren. Mit einer Schaumkelle herausnehmen, gut abtropfen lassen und auf ein mit Backpapier belegtes Blech setzen. Das Eigelb mit 2 Esslöffeln Wasser verrühren und die Bagels damit bepinseln. Die Bleche mit den Bagels in den auf 200 °C vorgeheizten Backofen geben und 15 Minuten backen. Die Bagels aus dem Ofen nehmen, abkühlen lassen und in der Mitte aufschneiden, so dass 2 Ringe entstehen. Auf den unteren Ring ein Salatblatt legen und etwas von dem geräucherten Lachs darauf verteilen. Das Sauerkraut mit dem Frischkäse mischen und von dieser Mischung über den Lachs geben. Bevor man den abgeschnittenen Deckel wieder auf den Belag setzt, noch etwas frischen Pfeffer darübergeben.

BETHMÄNNCHENMOUSSE MIT FEIGEN

Nachspeise für 4 Portionen:

125 g	Bethmännchen	160 g	weiße Kuvertüre
750 ml	Rotwein	1½ Blatt	Gelatine, weiß
500 ml	Portwein	350 ml	Sahne
150 g	Zucker	1	Ei
1 EL	Speisestärke, gehäuft	4 EL	Cognac
8	frische Feigen		
50 g	Mandeln, ganz und mit Schale		

Zubereitung:

Den Rotwein mit dem Portwein und 125 Gramm Zucker in einen Topf geben und bei mittlerer Hitze auf 450 ml Flüssigkeit einkochen lassen. Die Stärke mit kaltem Wasser glatt rühren, in die Weinmischung gießen und gut verrühren. Anschließend bei schwacher Hitze 10 Minuten köcheln lassen. Die Feigen waschen und mit einem Zahnstocher rundum einstechen. In ein schmales, hohes Gefäß legen und mit der Weinmischung begießen, so dass sie vollständig bedeckt sind. Die Feigen über Nacht darin ziehen lassen und am nächsten Tag in Spalten schneiden. Die Mandeln in einer Pfanne rösten, den restlichen Zucker dazugeben und goldbraun karamellisieren. Die Mandelmischung auf Aluminiumfolie gießen, abkühlen lassen, von der Folie nehmen und grob hacken. Die Kuvertüre ebenfalls grob hacken und über einem heißen Wasserbad dickflüssig werden lassen. Die Gelatine in kaltem Wasser einweichen. Die Sahne in einer Schüssel mit den Handmixer schlagen. Sie soll jedoch nicht zu steif geschlagen werden. Das Ei mit dem Cognac über einem heißen Wasserbad zu einer dickflüssigen Creme aufschlagen und dann aus dem Wasserbad nehmen. Die Gelatine gut ausdrücken und in der Ei-Creme auflösen. Dann die Kuvertüre untermischen und die Sahne nach und nach unterheben. Schließlich die Mandeln und zwei Drittel der Bethmännchen zerdrückt untermischen. Die Mousse in eine Schüssel füllen und über Nacht in den Kühlschrank stellen. Zum Servieren von der Mousse mit einem in heißes Wasser getauchten Esslöffel Nocken abstechen und auf Tellern anrichten. Die Feigenspalten mit der Soße dazugeben und mit den restlichen Bethmännchen garnieren.

SÜSSER WEIN FÜR SCHWERE ZEITEN

Zutaten für 4 Portionen:

125 g	*Mandeln, gehackt*
1 kg	*Zucker*
700 ml	*Madeira*
350 ml	*Korn*
45 g	*Zimtstangen*
12 Blätter	*Salbei, frisch*
½ TL	*Nelken, gemahlen*

Zubereitung:

Alle Zutaten in ein luftdicht verschließbares Glas geben und 1 Woche ziehen lassen. In dieser Zeit das Glas einmal täglich sanft schütteln. Nach dieser Zeit filtern, in sterilisierte Flaschen füllen und gut verschlossen aufbewahren. Dieser Wein soll Geist und Körper stärken.

In der Hauptsynagoge

In Frankfurts Straßen

EBBELWOI-WIRTSCHAFT

Ob es das wohlwollende Nicken des Wirtes ist, das, nachdem man das Gasthaus über ein paar Stufen erreicht und die schwere Eichtür wieder hinter sich geschlossen hat, einem das Gefühl gibt, gleich zu Hause zu sein, oder ob es der Umstand ist, doch sehr viel häufiger hier zu sein, als es vielleicht gut wäre, vermag man nicht zu sagen. Aber — man fühlt sich gleich zu Hause. Hier geht es nicht um die Haute Cuisine, wobei dies nicht unbedingt auszuschließen ist, hier ist bodenständige Küche gefragt, eine, die auch schon einmal einen Blick in den Topf zulässt. Ein ehrliches Wort, eine ehrliche Küche und ein ehrlicher Wein. Vielleicht beginnt genau hier die Erklärung, warum es so viele Menschen in die Ebbelwoi-Wirtschaften zieht.

Selbstverständlich gehört zu einem richtigen Frankfurter Essen der „Ebbelwoi", von dem allein in Frankfurt jedes Jahr fast 30 Millionen Liter getrunken werden — natürlich aus dem typischen Rautenglas, dem „Gerippten", und eingeschenkt aus einem „Bembel", dem großen, grauen Tonkrug mit seiner blauen Bemalung. Je nach Jahreszeit und Temperatur wird der „Ebbelwoi" mal heiß mit Zucker oder auch nur kalt, im Sommer gerne mit einem Schuss Mineralwasser, getrunken.

HANDKÄS´-SOUFFLÉ

Vorspeise für 8 Portionen:

150 g	*Handkäse, sehr fein gehackt*
250 ml	*Milch*
3	*Brötchen*
3	*Frühlingszwiebeln*
70 g	*Butter*
4	*Eier, getrennt*
	Muskatnuss
	Pfeffer aus der Mühle
	Salz

Zubereitung:

Die Milch in einem kleinen Topf erwärmen, die Brötchen in Scheiben schneiden und in der Milch einweichen. Die Frühlingszwiebeln in feine Ringe schneiden, 20 Gramm Butter in einer Pfanne erhitzen und die Frühlingszwiebeln darin anbraten. 50 Gramm Butter mit dem Handmixer schaumig rühren, das Eigelb sowie den Käse dazugeben und mit den Gewürzen abschmecken. Dann die eingeweichten Brötchen und Frühlingszwiebeln unterrühren. In einer Schüssel das Eiweiß steif schlagen und unter die Masse ziehen. Acht Soufflé-Förmchen nur am Boden fetten und die Handkäsemasse darin verteilen. Im auf 200 °C vorgeheizten Backofen 15 bis 20 Minuten backen und dann sofort servieren.

HAUSENER BROTSALAT

Hausen, ein Stadtteil im Westen Frankfurts – am Flüsschen Nidda gelegen – ist ein ehemaliges Mühlendorf; seit 1875 gibt es hier eine „Brotfabrik" – heute ein Kulturzentrum –, welche die erste Großbäckerei Frankfurts war.

Salat für 4 Portionen:

150 g	*altbackenes Weißbrot (vom Vortag oder älter)*
5–6 EL	*Grüne-Soße-Kräuter, gehackt, ohne Stiel,*
	Kräuterverhältnis nach Geschmack
200 g	*Tomaten*
200 g	*Salatgurke*
1	*Zwiebel*
1	*Knoblauchzehe*
1	*Paprikaschote*
½ Bund	*Petersilie*
3 EL	*Essig*
6 EL	*Salatöl*
½	*Apfel und etwas Essig*
	Pfeffer aus der Mühle
	Salz

Zubereitung:

Den halben Apfel schälen, das Kerngehäuse entfernen und das Fruchtfleisch in kleine Würfel schneiden, welche nicht größer als einen halben Zentimeter sein sollten. Die Würfelchen in eine Schüssel geben und 2 Tage in Essig marinieren. Danach den Essig abgießen und die Apfelwürfelchen gemäß Rezept weiterverwenden. Das Brot in Würfel schneiden und wenn es noch weich ist, in einer Pfanne ohne Fett rösten. Die Zwiebel in feine Ringe schneiden und diese halbieren. Den Knoblauch hacken. Die Tomaten, die Gurke und die Paprikaschote in Würfel schneiden. Die Petersilie waschen, trocknen und hacken. Den Essig, das Öl, Pfeffer und Salz in einer Schüssel mischen und sämtliche Zutaten inklusive der abgetropften Apfelstückchen hinzufügen und gut verrühren. Den Salat vor dem Servieren etwa 1 Stunde ziehen lassen.

SALAT VON HANDKÄS´-SCHEIBEN

Salat für 4 Portionen:

200 g	*Handkäse*
1 Kopf	*Salat*
1 Bund	*Radieschen*
1 Bund	*Frühlingszwiebeln*
4	*Tomaten*
4 EL	*Linsensprossen*

Marinade:

2 EL	*Essig*
4 EL	*Öl*
½ Bund	*Schnittlauch*
	Pfeffer aus der Mühle
	Salz

Zubereitung:

Die Tomaten, die Frühlingszwiebeln, die Radieschen sowie den Salat waschen und putzen. Die Frühlingszwiebeln in Röllchen, die Tomaten in Achtel und die Radieschen in Spalten schneiden. Den Salat zerpflücken. Den Käse in Scheiben von jeweils etwa 3 Millimeter Größe schneiden. Die Salatblätter auf den Tellern anrichten, die Käsescheiben und das Gemüse darauf anrichten. Darauf die Linsensprossen verteilen. Sämtliche Zutaten für die Marinade in einer Schüssel gut verrühren und anschließend über den Salat träufeln. Dazu eine Brezel und ein Glas Apfelmost, Apfelwein oder Bier reichen.

FEINE SAUERKRAUTSUPPE

Suppe für 4 Portionen:

500 g	*Mett*
200 g	*durchwachsener Speck, geräuchert*
1 Dose	*Sauerkraut (250 g)*
1½ L	*Gemüsebrühe*
2	*Zwiebeln, gehackt*
3	*Essiggurken*
2	*Lorbeerblatt*
2–3	*Wacholderbeeren*
4 EL	*Crème fraîche*
4 EL	*Brotcroûtons*
	Schnittlauch, in Röllchen geschnitten
	Öl
	Pfeffer aus der Mühle
	Salz

Zubereitung:

Das Sauerkraut mit einem großen Küchenmesser grob wiegen. Das erleichtert das Essen der Suppe, weil keine langen Krautfäden über den Löffel hängen. Die Zwiebeln und das Mett in einer Kasserolle mit etwas Öl anbraten. Den Speck klein würfeln und in einer Pfanne ebenfalls anbraten. Dann den Speck mit dem Sauerkraut und den klein geschnittenen Gurken zu den Zwiebeln geben. Die Gemüsebrühe hinzugießen, das Lorbeerblatt sowie die Wacholderbeeren hineingeben und die Suppe bei mittlerer Hitze 30 Minuten köcheln lassen. Mit Pfeffer und Salz abschmecken, das Lorbeerblatt und die Wacholderbeeren entfernen, auf die Teller verteilen und jeweils 1 Esslöffel Crème fraîche einrühren. Die Brotcroûtons darübergeben und etwas Schnittlauch darüberstreuen.

HÄHNCHENBRUSTFILET IN APFELWEINSOSSE

Hauptspeise für 4 Portionen:

2	*Hähnchenbrustfilets, in 4 Teile geschnitten*
6	*Äpfel*
250 ml	*Apfelwein*
1 EL	*Butterschmalz*
1	*Lorbeerblatt*
4	*Wacholderbeeren*

Soße:
2 EL + 250 ml *Apfelwein*
1½ EL   *Zucker*
2 EL   *Crème fraîche*

Zubereitung:

Die Hähnchenbrustfilets waschen, mit Pfeffer und Salz würzen und im Butterschmalz von beiden Seiten anbraten. Anschließend herausnehmen und beiseitestellen. Die Äpfel schälen, vierteln, das Kerngehäuse herausschneiden und in einen Topf legen. Das Lorbeerblatt, die Wacholderbeeren zu den Äpfeln geben, den Apfelwein hinzugießen, die Hähnchenbrustfilets drauflegen und 15 Minuten schmoren lassen. Für die Apfelweinsoße den Zucker in einen Topf geben und schmelzen lassen. 2 Esslöffel Apfelwein einrühren und die Mischung goldbraun karamellisieren lassen. Anschließend die 250 ml Apfelwein angießen und etwas einkochen lassen. Die Hitze reduzieren und die Crème fraîche darunterrühren. Die Hähnchenbrustfilets mit Äpfeln und Soße servieren und dazu Salzkartoffeln und grünen Salat mit einer Sauce aus süßer Sahne reichen.

RINDERGULASCH NACH ART DER SACHSENHÄUSER BRAUMEISTER

Hauptspeise für 5 Portionen:

1 kg	Rindfleisch, mager	1		Kräutersträußchen (Bouquet
100 g	Speck			Garni)
250 ml	Rinderbrühe	2 EL		Mehl
½ Flasche	Bier (Pils oder Export)	1 TL		Zucker
400 ml	Wasser	1 EL		Essig
50 g	Butter			schwarzer Pfeffer aus der
800 g	Zwiebeln			Mühle
2	Knoblauchzehen, zerdrückt			Salz
1 EL	Petersilie, gehackt			

Zubereitung:

Den Speck in Würfel schneiden und in einer Pfanne anbraten. Anschließend die Würfel herausnehmen und das ausgelassene Fett in eine kleine Schüssel gießen. Die Butter in der Pfanne schmelzen lassen und die in Scheiben geschnittenen Zwiebeln darin glasig dünsten. Anschließend aus der Pfanne nehmen, etwas von dem ausgelassenen Fett wieder hineingießen und das in mundgerechte Stücke geschnittene Rindfleisch darin kräftig anbraten. Dann mit dem Kräutersträußchen in einen Bräter geben. Das restliche Fett in die Pfanne abgießen. Mit dem Mehl verquirlen und unter Rühren goldgelb werden lassen. Vom Herd nehmen und die Rinderbrühe sowie das Bier unterrühren und dabei zum Kochen bringen. Wenn die Soße eindickt, den Knoblauch, den Zucker und den Essig hinzugeben. Die Soße noch 3 Minuten köcheln lassen und mit Pfeffer und Salz abschmecken. Die Zwiebeln über die Fleischstücke verteilen und die Soße darübergießen. Im auf 180 °C vorgeheizten Backofen und bei geschlossenem Deckel etwa 1½ Stunden garen. Wenn nötig, in dieser Zeit noch etwas Bier nachgießen. Vor dem Servieren das Kräutersträußchen entfernen und die Speckwürfel mit der gehackten Petersilie darüberstreuen. Dazu Brot und ein Glas Bier reichen.

RIPPCHEN HAWAII

Was hat Frankfurt mit Hawaii gemeinsam? Die Ironman-Wettkämpfe und dass man eines der Frankfurter Nationalgerichte vorzüglich mit Ananas variieren kann.

Hauptspeise für 3 Portionen:

3	*Rippchen*
2	*Zwiebeln, in Ringe geschnitten*
250 g	*Champignons, in Scheiben geschnitten*
100 g	*Sahne*
125 g	*Crème fraîche*
3	*Ananas-Scheiben*
60 g	*Gouda, gerieben*
50 g	*Lauchzwiebeln, in Ringe geschnitten*
	Pfeffer aus der Mühle
	Salz

Zubereitung:

Die Rippchen in eine Auflaufform legen, die Zwiebelringe und die Champignonscheiben darüber verteilen. Die Sahne mit der Creme fraîche in einer Schüssel verrühren, mit Pfeffer und Salz würzen und über die Rippchen gießen. Abgedeckt 5 Stunden marinieren lassen und anschließend im auf 200 °C vorgeheizten Backofen 35 bis 45 Minuten backen. Nach dieser Zeit auf jedes Rippchen eine Scheibe Ananas legen, die Lauchzwiebeln darüber verteilen und den geriebenen Käse darüberstreuen. Anschließend weitere 15 Minuten überbacken. Zu Rippchen Hawaii passen Kartoffelbrei und Sauerkraut, natürlich mit Ananasstückchen.

APFELMAYONNAISE

Soße für 4 Portionen:

2	*Eigelb*
1 TL	*milder Senf*
1 TL	*Zitronensaft*
125 ml	*Öl*
1 Prs.	*Zucker*
	Salz
	Pfeffer aus der Mühle
2–3 EL	*Apfelmus*
1 EL	*Weißwein*
1 TL	*geriebener Meerrettich*

Zubereitung:

Alle Zutaten auf Zimmertemperatur erwärmen lassen. Mit einem Löffel das Eigelb, den Zitronensaft und den Senf gut verrühren. Dann das Öl in einem dünnen Strahl beigeben. Dabei bis zum Dickwerden mit dem Schneebesen schlagen. Mit Pfeffer, Salz und einer Prise Zucker würzen. Dann das Apfelmus, den Weißwein und den Meerrettich unterrühren. Schmeckt zu kaltem Rippchen, Huhn und Würstchen.

SACHSENHÄUSER BÄCKERKARTOFFELN

Carolus Clusius pflanzte im Frühjahr 1589 in seinem Frankfurter
Garten die ersten Kartoffeln in Deutschland an.

Beilage für 4–6 Portionen:

1 kg	Kartoffeln, geschält, in dünne Scheiben geschnitten
2	Zwiebeln, gewürfelt
3	Eier
200 g	Sahne
2 EL	Schmalz
1 Msp.	Muskatnuss, gemahlen
	Butter für die Form
	Pfeffer aus der Mühle
	Salz

Zubereitung:

Das Schmalz in einer Pfanne erhitzen und die Zwiebelwürfel darin anrösten. Eine
Auflaufform mit Butter ausstreichen, die Zwiebeln und die Kartoffelscheiben
hineingeben und mit Pfeffer, Salz und Muskatnuss würzen. In einer Schüssel
die Eier mit der Sahne verrühren und über die Kartoffeln gießen. Im auf 200 °C
vorgeheizten Backofen 50 Minuten backen.

GEMAAFAULENSERS GORJELSCHWENKER

Ein Gorjelschwenker ist der Begriff für einen kräftigen Tropfen, und Gemaa-
faulenser werden in den Gemeinden von Frankfurt die Mitarbeiter der
städtischen Betriebe und Verwaltungen genannt. Der Gorjelschwenker
schmeckt köstlich und wärmt von innen.

Getränk für 12 Gläser:

450 ml	*Honig*
250 ml	*Apfelwein*
7	*Gewürznelken*
12	*Zimtstangen*
½ TL	*Muskatnuss, gerieben*
½	*Vanilleschote*
2 Streifen	*Zitronenschale*
100 ml	*Wodka*

Zubereitung:

Den Honig und den Apfelwein miteinander vermischen. Die Gewürze (in einem
Stoffsäckchen verpackt) zugeben und einmal aufkochen lassen. Vom Herd nehmen und 2 Stunden ziehen lassen. Das Gewürzsäckchen entfernen, die Mischung
erneut erwärmen, jedoch nicht mehr kochen lassen und den Wodka hinzugießen.
Mit je einer Zimtstange im Glas servieren.

Kaiserkrönung auf dem Römerberg

STREETFOOD

Wie Pilze schossen die Hamburger-, Döner-, Imbiss- und Pizzabuden in den letzten Dekaden aus dem Boden, und für nicht wenige, die sich tagein, tagaus im hektischen Leben der Stadt bewegen und versorgen müssen, findet hier die mehr oder weniger ausgewogene Ernährung statt.

Der Pulsschlag der Stadt wird immer schneller, und hastig bewegen sich die Menschen durch die Straßen und Fußgängerzonen, in denen zunächst kleine Buden eröffneten und Brezeln, Bratwurst und belegte Brötchen verkauften. Doch wo früher die Passanten sich auf den Straßen nur im Vorbeigehen „ernährten", haben sich die Verhältnisse geändert. Nischen haben sich gebildet, kleine Fluchtorte, aus denen heraus man beobachten kann, wie das Leben hinter der Scheibe an einem vorbeizieht, während man selbst, nur kurz innehaltend, einen Moment der Ruhe und Erholung findet. Ein Gefühl schmeichelt sich hin und wieder in die Seele, das sich „Lebensart" nennen könnte, würde man ihm nur etwas Zeit geben sich zu entfalten; doch die Hand schnellt in die Höhe — „Zahlen, bitte!", und die Rechnung kommt prompt und meistens korrekt.

SAUERKRAUTTASCHEN

Vorspeise für 4 Portionen:

250 g	*Sauerkraut*
100 g	*Tilsiter-Käse, in Würfel geschnitten*
100 g	*Kassler-Aufschnitt*
½	*Zwiebel*
20 g	*Butter*
200 ml	*Schmand*
6 Platten	*Blätterteig*
2	*Eier*
	Pfeffer aus der Mühle
	Salz
	Kümmel

Zubereitung:

Das Sauerkraut in ein Sieb geben und gut abtropfen lassen. Die Zwiebel schälen und in Würfel schneiden. In einer kleinen Kasserolle die Butter erhitzen und die Zwiebelwürfel darin goldgelb dünsten. Das Kassler würfeln, dazugeben und kurz anbraten. Dann das Sauerkraut hinzufügen, kurz mitdünsten, vom Herd nehmen und etwas abkühlen lassen. 1 Ei aufschlagen, in eine Schüssel geben und mit dem Schmand sowie etwas Salz und Kümmel verrühren. Anschließend die Käsewürfel daruntermischen. Den Blätterteig mit etwas Mehl bestäuben und die einzelnen Plättchen in Quadrate ausrollen. Auf jede Platte einen guten Esslöffel Sauerkraut-füllung verteilen. Das zweite Ei trennen und die Teigränder mit dem Eiweiß bestreichen. Anschließend den Blätterteig zu Taschen falten und die Teigränder gut andrücken. Mit einer Gabel den Rand verzieren. Das Eigelb in einer kleinen Schüssel verrühren und die Taschen damit bepinseln. Auf ein mit Backpapier ausgelegtes Backblech legen und im auf 200 °C vorgeheizten Backofen 25 bis 30 Minuten auf der mittleren Schiene backen.

PIZZA ORIGINALE ALLA FRANCOFORTE

Mit was sonst kann eine original Frankfurter Pizza
belegt sein als mit Rippchen und Kraut?

Als Hauptspeise für 1 Pizza:

250 g	*Mehl*
300 g	*Rippchen, ohne Knochen*
400 g	*Sauerkraut*
½	*Zwiebel*
2	*Knoblauchzehen*
125 ml	*Wasser*
4 EL	*Sahne*
½ Pkg.	*Trockenhefe*
200 g	*Kirschtomaten*
3 EL	*Öl*
1 TL	*Petersilie, gehackt*
150 g	*Hartkäse, gerieben*
150 g	*Crème fraîche*
	Pfeffer aus der Mühle
½ TL	*Salz*

Zubereitung:

Aus dem Mehl, der Trockenhefe, dem Wasser und dem Salz einen Teig rühren.
Diesen zugedeckt um das Doppelte aufgehen lassen und anschließend ausrollen.
Das Öl, die Sahne, die fein gehackte Zwiebel sowie die zerdrückten Knoblauchzehen mit Salz und Pfeffer verrühren und auf den Teig streichen. Das Sauerkraut
klein hacken, das Rippchen halbieren und in dünne Streifen schneiden. Die
Tomaten in dicke Scheiben schneiden. Alles auf dem Teig verteilen und den geriebenen Käse darüberstreuen. Die Pizza im auf 225 °C vorgeheizten Backofen 25
Minuten backen. Die Crème fraîche in Flöckchen auf die heiße Pizza geben und
die gehackte Petersilie darüber verteilen.

FRANKFURTER REMOULADE

Soße für 4 Portionen:

1 EL	Kapern	2 EL	Crème fraîche
1	kleine Zwiebel	3 EL	Quark
1 TL	grüner Pfeffer (aus der Lake)	2–3 EL	frische Kräuter für Frankfurter
1	Ei, hartgekocht		Grüne Soße, fein gehackt
½	saure Gurke	1 Prs.	Salz

Zubereitung:

Die Zutaten bis auf die Kräuter in einen Küchenmixer geben und zu einer homogenen Masse pürieren. Die Kräuter unterrühren und die Remoulade in ein sterilisiertes Glas füllen, luftdicht verschließen und einige Stunden im Kühlschrank ziehen lassen. Sie ist bis zu 3 Tagen haltbar.

FRANKFURTER SENF

Soße für 4 Portionen:

50 g	Senfmehl	2–3 EL	frische Kräuter für Frankfurter
25 g	Zucker		Grüne Soße, gehackt
85 ml	Sahne	1 TL	Speisestärke
		2 Prs.	Salz

Zubereitung:

Für dieses Originalrezept der Familie Kornmayer das Senfmehl mit dem Zucker, den Kräutern, der Speisestärke und der Sahne in einem kleinen Topf aufkochen lassen, bis der Senf cremig verlaufen ist. Falls er zu trocken ist, noch etwas Sahne unterrühren. Den Senf in ein sterilisiertes Glas füllen, luftdicht verschließen und mehrere Tage an einem kühlen Ort ziehen lassen. So kann er bis zu 2 Monaten gelagert werden.

APFELPFANNKUCHEN

Zwischengericht für 2 Portionen:

2	*Eier*
250 ml	*Buttermilch*
25 g	*Mandeln, gemahlen*
1	*Apfel*
75 g	*Weizenmehl*
1 EL	*Mineralwasser*
10 g	*Butterschmalz*
1 Prs.	*Salz*
	Zucker zum Bestäuben

Zubereitung:

Die Eier in einer Schüssel aufschlagen. Das Mehl nach und nach, abwechselnd mit der Buttermilch, hinzufügen und mit dem Handmixer gut verrühren. Die Mandeln und das Salz dazugeben. Die Äpfel schälen, das Kerngehäuse ausstechen, den Apfel längs vierteln und dann quer davon dünne Scheiben schneiden. Den Teig noch mit dem Mineralwasser verdünnen. In einer Pfanne das Butterschmalz erhitzen, die Apfelscheiben (jeweils ein Viertel) flach in der Pfanne verteilen und ein Viertel des Teigs mit der Schöpfkelle darüber verteilen. Den Deckel auflegen und die Pfannkuchen bei schwacher Hitze etwa 3 Minuten backen. Den Pfannkuchen mit Hilfe des Deckels wenden, von der anderen Seite goldgelb backen und warm halten. Die weiteren Pfannkuchen auf dieselbe Weise backen. Die Pfannkuchen mit Zucker bestreuen, zusammenrollen und aus der Hand essen. Statt mit Zucker kann man sie auch mit Preiselbeermarmelade bestreichen. (Tipp: zum Anfassen mit einer Serviette umwickeln, da sie sehr heiß sind.)

DER RHEIN-MAINER

Diese Frikadelle ist ein wahrer hocharomatischer,
kulinarischer Hochgenuss aus dem Rhein-Main Gebiet.

Hauptspeise für 4 Portionen:

250 g	*Kartoffeln, mehlig kochend*
100 g	*Sauerkraut*
100 ml	*Apfelwein*
20 g	*Speck, durchwachsen, fein gewürfelt*
15 g	*Speisestärke*
1	*kleine Zwiebel, fein gehackt*
1	*Lorbeerblatt*
1	*Ei*
1 TL	*Zucker*
½ TL	*Kümmel*
3 EL + 1 TL Öl zum Braten	
	Mehl
	Pfeffer aus der Mühle
	Salz

Zubereitung:

Die Kartoffeln in der Schale gar kochen, abschrecken, pellen und durch eine
Kartoffelpresse zu Brei zerdrücken. Den Brei in einer Schüssel mit der Speisestärke, Pfeffer, Salz und dem Ei gut verrühren. 1 Teelöffel Öl in die Pfanne geben
und den Speck und die Zwiebeln darin anbraten. Das Sauerkraut in einem Küchentuch leicht ausdrücken, in die Pfanne geben, mit dem Apfelwein ablöschen
und dem Lorbeerblatt, dem Kümmel und etwas Zucker würzen. Bei schwacher
Hitze und unter gelegentlichen Rühren die Flüssigkeit gut einkochen lassen. Vom
Herd nehmen, etwas abkühlen lassen und anschließend unter den Kartoffelbrei
rühren. Mit bemehlten Händen die Frikadellen formen, in Mehl wenden und in
3 Esslöffeln Öl auf jeder Seite 6 Minuten braten.

FRESSGASS-BURGER XXL

Die vielen Lokale, Cafés und Feinkostläden auf der Großen Bockenheimer Straße brachten dieser nahe der Alten Oper gelegenen Straße den Namen „Fressgass" ein. Frei nach dem Motto, dass es von etwas Gutem auch ein bisschen mehr sein darf, verwendet dieses Hamburger-Rezept ausgewählte Zutaten in größeren „Gebinden".

Haptspeise für 4 Portionen:

600 g	Rinderhackfleisch, mager	1	Knoblauchzehe, zerdrückt
150 g	frische Champignons	½ Bund	Petersilie
50 g	Gruyère-Käse	1 TL	Thymian
1	Kopfsalat		Pfeffer aus der Mühle
2 Platten	Blätterteig, tiefgefroren		Salz
2–3	Schalotten		
3	Eier, leicht geschlagen	*Tomatencoulis:*	
3 EL	Kalbsfond	4	Tomaten
2 EL	Sesamöl	200 ml	Tomatensaft
	Öl zum Braten		Pfeffer aus der Mühle
1 EL	Gänseschmalz		Salz

Zubereitung:

Für die Zubereitung der Tomatencoulis die Tomaten kurz in kochendes Wasser geben, herausnehmen und die Haut abziehen. Die Tomaten vierteln, dabei den kleinen grünen Strunk herausschneiden. In eine kleine Kasserolle geben, den Tomatensaft angießen und bei mittlerer Hitze reduzieren. Anschließend mit Pfeffer und Salz abschmecken. Um den Hamburger zuzubereiten, die Champignons putzen und in Würfel schneiden. Die Schalotten schälen und ebenfalls in kleine Würfel schneiden. Die in einer Pfanne erhitzten Schalotten hineingeben und mit den Champignonwürfeln glasig dünsten. Anschließend vom Herd nehmen und etwas abkühlen lassen. Das Rinderhackfleisch mit dem Knoblauch, 2 Eiern, dem Kalbsfond, der Petersilie, dem Sesamöl sowie den angeschwitzten Schalotten und Champignons in eine Schüssel geben. Zu einem Teig vermischen und dabei noch mit Pfeffer und Salz abschmecken. Anschließend 4 gleichgroße, flache Hamburger formen und flach drücken. Den aufgetauten Blätterteig übereinanderlegen und zu einem Rechteck ausrollen. Mit einem Kaffee- oder Dessertteller als Schablone daraus 4 runde Scheiben schneiden. Diese mit dem verbliebenen Ei bestreichen und im auf 180 °C vorgeheizten Ofen backen. Anschließend herausnehmen, etwas abkühlen lassen und den Blätterteig wie ein Brötchen in zwei Hälften aufschneiden. Erneut Öl in die Pfanne geben und die Hamburger bei starker Hitze goldbraun anbraten. Anschließend im auf 175 °C vorgeheizten Backofen 10 Minuten backen. 1 Minute vor Ende dieser Garzeit den in Streifen geschnittenen Gruyère darauf verteilen, um die Hamburger damit zu überbacken. Den Kopfsalat rupfen, gründlich waschen und dann in dem heißen Gänseschmalz, mit dem Thymian gewürzt, 8 Minuten schmoren. Die Unterseite des Blätterteigs jeweils auf 4 Tellern anrichten und die geschmorten Salatblätter daraufgeben. Die Hamburger daraufsetzen und etwas Tomatencoulis darübergeben oder dieses gesondert servieren. Schließlich den Deckel aus Blätterteig obenauf setzen.

FRANKFURTER HOT-DOG

Hauptspeise für 4 Portionen:

4	*Frankfurter Würstchen*
4	*Hot-Dog-Brötchen*
100 g	*Gurke, in dünne Scheiben geschnitten*
4 EL	*Remoulade*
20 g	*Ketchup*
4 TL	*Senf*
2 EL	*Röstzwiebeln*

Zubereitung:

Die Würstchen mit Wasser in einen Topf geben und darin langsam erhitzen, jedoch nicht kochen, damit sie nicht aufplatzen. Die Hot-Dog-Brötchen kurz aufbacken und der Länge nach aufschneiden. Die Brötchen mit Remoulade, Ketchup und Senf bestreichen. Statt normalem Senf kann auch Frankfurter Senf (siehe Rezept) verwendet werden. Mit den Gurkenscheiben eine Hälfte des Brötchens belegen. Jeweils ein Frankfurter Würstchen auf die untere Hälfte des Brötchens geben und mit Röstzwiebeln bestreuen. Dann die obere Hälfte des Hot-Dog-Brötchens darüberlegen.

FRIKADELLEN NACH ART VON GOETHES GROSSMUTTER

In dem Nachlass von Anna Margaretha Justina Lindheimer, der Großmutter von Johann Wolfgang von Goethe, fand man zahlreiche Rezepte. Unter anderem auch die nachfolgende Variante für Frikadellen. Die Zutaten sind original aus dem Jahre 1724, die Maßangaben sind aktuellen Rezepturen entnommen.

Hauptspeise für 4 Portionen:

500 g	*Rinderhackfleisch*
100 g	*Speck*
100 g	*Semmelbrösel*
2	*Eier*
1 EL	*Zitronensaft*
½ TL	*Gewürznelken, gemahlen*
1 Msp.	*Muskatnuss, gemahlen*
½–1 TL	*Ingwer, frisch gerieben (optional)*
	Salz

Zubereitung:

Den Speck sehr fein hacken und mit dem Hackfleisch in einer Schüssel gut vermischen. Die Eier und die Semmelbrösel zugeben, untermischen und 5 Minuten stehen lassen. Anschließend den Zitronensaft unterrühren, bevor man die Gewürze zugibt. Erneut 5 Minuten ruhen lassen, nochmals mischen und mit den Händen Frikadellen formen. Öl oder Fett in einer Pfanne erhitzen und die Frikadellen bei mittlerer Temperatur gut durchbraten. Die Frikadellen schmecken besonders gut zu Kartoffelsalat oder Bratkartoffeln.

DÖNER MIT MUSIK

Die türkische Bevölkerung („Eigeplackte", wie Zugereiste auf gut frankfurterisch genannt werden) hat den Döner vom Bosporus an den Main gebracht, wo er sich großer Beliebtheit bei allen Bevölkerungsgruppen erfreut. Dieses Rezept stellt eine fette Variante nach Art der Apfelweinlokale dar und wird mit Schweinefleisch zubereitet, welches jedoch von den vorwiegend moslemischen Türken nicht verzehrt wird. Afiyet olsun!

Hauptspeise für 4 Portionen:

1	*Haspel (Achtung: vom Schwein)*
1	*Fladenbrot*
120 g	*Zwiebel, in Scheiben geschnitten*
2	*Tomaten, in Scheiben geschnitten*
8	*Kopfsalatblätter*
2	*Knoblauchzehen*
150 g	*saure Sahne*
1 Msp.	*Kreuzkümmelpulver*
1 TL	*Majoran, getrocknet*
1 TL	*Paprikapulver, edelsüß*
4 EL	*Öl*
1 Spritzer	*Tabasco*
	weißer Pfeffer aus der Mühle
	Salz

Zubereitung:

Für die Soße die Sahne mit dem Salz, dem Pfeffer und einer fein zerdrückten Knoblauchzehe würzen. Im Kühlschrank abgedeckt 1 bis 2 Stunden ziehen lassen. Die fertig gegarte Haspel in flache Stücke (ähnlich dem Dönerfleisch) schneiden, wobei von außen nach innen geschnitten wird, damit das Fett von der Schwarte an möglichst vielen Stücken haften bleibt. Die Zwiebeln und das Haspelfleisch in sehr heißem Öl 2 Minuten braten und den fein gehackten Knoblauch der verbliebenen Zehe hinzugeben. Mit dem Paprikapulver, dem Majoran, etwas Kreuzkümmel sowie Salz und einem Spritzer Tabasco würzen. Das Fladenbrot vierteln, kurz im heißen Backofen knusprig werden lassen, herausnehmen, innen bis zum Rand einschneiden und mit den Salatblättern und den Tomatenscheiben belegen. Die gewürzten Haspelstreifen darauf verteilen und die Sahnesoße darübergeben.

APFELPUNSCH

Getränk für 4 Portionen:

1 L	*Apfelsaft, ungesüßt*
	Zucker nach Geschmack
2 EL	*Zimt*
1	*Zitrone, Saft davon*
	etwas Calvados

Zubereitung:

Den Apfelsaft mit der Hälfte des Zitronensafts, 1 Teelöffel Zimt und etwas Zucker erhitzen. Den Rand der Gläser im restlichen Zitronensaft und dann in ein Zucker-Zimt-Gemisch tauchen. Vor dem Servieren einen ordentlichen Schuss Calvados hinzugießen und den Punsch in die Gläser geben, ohne den Rand zu befeuchten.

Der Weihnachtsmarkt 1851

Ballonfahrt in der Borhnheimer Heide

AIRPORT

Frankfurt ist ein Schmelztiegel geworden, mit Menschen aus aller Welt, mit all ihren Eigenarten, die sich hier niedergelassen haben, um zu leben, zu arbeiten und zu handeln.

Wie eine große Metapher, die die scheinbar unvereinbaren Eigenschaften Lokalkolorit und Internationalität in sich birgt, pulsiert der niemals zur Ruhe kommende Flughafen vor den Toren der Stadt, der zweitgrößte Europas, zu dem 40.000 Flugverbindungen wöchentlich bestehen und den täglich etwa 150.000 Fluggäste passieren. Alle Wege führen nach „FRA".

Und doch ist er ein gutes Stück Frankfurt, sogar im Hinblick auf die Küche. Vom Zöllner bis zum Verkäufer der weltweit bekannten „Frankfurter" schlägt einem die unverkennbar hessische Intonation der Sprache entgegen, wenn auch letztere oft anderer Herkunft ist – und doch Frankfurter.

MAINHATTAN-AIRPORT-TAPAS

Ein Vorspeisenteller, wie geschaffen für den Rhein-Main-Flughafen Frankfurt,
auch Mainhattan Airport genannt. Auf die Vorspeisenteller die verschiedenen
Tapas (Tapas-Rippchen, Apfel im Schinkenmantel, eingelegter Handkäse und
Frankfurter auf andalusische Art) anrichten, dazu Oliven und frisches Baguette
reichen.

Vorspeise für 8 Portionen:

40	*grüne Oliven*
1	*Baguette*

Tapas-Rippchen:

600 g	*Rippchen*
250 g	*Zwiebeln*
	Olivenöl
2	*Lorbeerblätter*
5	*Thymianzweige*
1 EL	*Zucker*
1	*große Dose Tomaten*
	Pfeffer

Apfel im Schinkenmantel:

	getrocknete Apfelringe
	dünne Scheiben würziger Schinken
	Kräuterfrischkäse
	Zahnstocher
	Öl zum Braten

Eingelegter Handkäs´:

500 g	*junger, fester Handkäse*
1	*Knoblauchzehe, gehackt*
4 Zweige	*Rosmarin*
	Olivenöl

Frankfurter auf andalusische Art:
8   Frankfurter Würstchen
8 Scheiben   gekochter Schinken
8 Scheiben   Käse
100 g   Paniermehl
2   Eier
*   Olivenöl*

Zubereitung:

Für die Tapas-Rippchen das Fleisch vom Knochen und in etwa 2 Zentimeter gro-ße Würfel schneiden. Die Zwiebeln fein würfeln, zwei Knoblauchzehen in feine Scheiben schneiden und in einem Schmortopf glasig dünsten. Lorbeerblätter und Thymian zugeben und 2 Minuten weiterdünsten. Mit Zucker bestreuen und die Tomaten dazugeben. Aufkochen, salzen und pfeffern. Die Rippchen-Würfel hineinlegen und 5 Minuten zugedeckt kochen, dann weitere 15 Minuten köcheln lassen. Die Würfel kalt und mit Zahnstochern zum Aufspießen servieren.

Für Apfel im Schinkenmantel den Kräuterkäse auf die Schinkenscheiben strei-chen, jeweils einen Apfelring zusammenfalten und darin einrollen. Das Ganze mit einem Zahnstocher befestigen, von allen Seiten in heißem Öl kross anbraten und warm oder kalt servieren.

Für den eingelegten Handkäse diesen in etwa 2 Zentimeter große Würfel schnei-den und mit dem Knoblauch und den Rosmarinzweigen in ein hohes Gefäß geben. Mit Olivenöl begießen, bis alles bedeckt ist und mehrere Tage geschlossen stehen lassen. Zum Essen den Käse mit einem Sieb entnehmen.

Für die Frankfurter auf andalusische Art die Würstchen sowie die Schinken- und Käsescheiben in der Mitte durchschneiden. Die Würstchenhälften mit je einer halben Scheibe Käse umwickeln und darum wiederum eine halbe Scheibe Schin-ken herumwickeln. Diese Rolle mit einem Zahnstocher fixieren, in Paniermehl wenden, dann in der Eimasse und anschließend erneut im Paniermehl wenden. Das Olivenöl in einer Pfanne erhitzen und die Rollen von allen Seiten goldgelb braten. Vor dem Servieren die Rollen auf einem Blatt Küchenpapier abtropfen lassen.

FORELLENCARPACCIO

Vorspeise für 4 Portionen:

2   *Forellenfilets*
        Salz
        Olivenöl
        grüne Pfefferkörner
        Zitronensaft
        Salat
        frisches Weißbrot
        Butter

Zubereitung:

Die Filets schräg in dünne Scheiben schneiden und noch vorhandene Gräten mit einer Pinzette herausziehen. Die Scheiben auf Frischhaltefolie legen, eine Schicht Folie darübergeben und dann mit dem Handballen sanft klopfen. Anschließend auf vorgekühlte Teller verteilen, mit Olivenöl einpinseln, etwas Salz sowie die grünen Pfefferkörner darüberstreuen und schließlich mit Zitronensaft beträufeln. Mit einigen Salatblättern, frischem Baguette und kühlem Weißwein servieren.

Die alte Kleinmarkthalle

APFELSUPPE MIT GÄNSELEBER

Für dieses besondere Gericht benötigt man auch getrocknete Heidelbeeren.
Man bekommt sie in der Apotheke. Diese dann in einer grob eingestellten
Pfeffermühle mahlen.

Suppe für 1 Saure Sahne2 Portionen:

3	*Äpfel*
80 g	*Gänseleberparfait*
125 ml	*Weißwein*
1 Prs.	*Zimt*
1½ EL	*Zitronensaft*
20 ml	*Calvados*
100 g	*Heidelbeeren, getrocknet*

Zubereitung:

Die Äpfel schälen, vierteln und die Kerngehäuse herausschneiden. Die Schalen
und das Kerngehäuse in dem mit Zimt gewürzten Weißwein etwa 5 Minuten aus-
kochen und dann durch ein Sieb passieren. Die Apfelviertel in dem Fond weich
dünsten und pürieren. Mit dem Zitronensaft und dem Calvados abschmecken.
Mit Gänseleberparfait anrichten und dann mit den gemahlenen, sehr aroma-
tischen Heidelbeeren würzen.

PFEFFERSTEAK IN CALVADOSSOSSE

Hauptspeise für 4 Portionen:

4	*Rinderfilets*
240 g	*Crème fraîche*
4 EL	*Calvados*
4	*Knoblauchzehen, fein gehackt*
4 TL	*rosa Pfefferkörner*
4 TL	*schwarze Pfefferkörner*
4 TL	*weiße Pfefferkörner*
	Öl zum Braten
	Salz

Zubereitung:

Die Pfefferkörner in einem Mörser zerstoßen und mit etwas Salz und Öl vermischen. Damit die Steaks auf einer Seite einreiben. Den Knoblauch mit etwas Öl in einer Kasserolle anschwitzen, mit dem Calvados ablöschen, vom Herd nehmen und mit der Crème fraîche verrühren. Wieder auf den Herd geben und bei schwacher Hitze und unter Rühren einkochen lassen. In einer Pfanne reichlich Öl stark erhitzen und die Steaks darin von jeder Seite 3 Minuten braten. Beim Wenden darauf achten, dass die Pfefferkruste nicht zerstört wird. Das Fleisch auf Tellern anrichten, die Soße darübergeben und als Beilage Bratkartoffeln und Gemüse reichen.

SEETEUFEL MIT FRANKFURTER KRÄUTERN UND KARTOFFELSALAT

Hauptspeise für 4 Portionen:

400 g	*Seeteufel*
	Öl zum Braten
	Pfeffer aus der Mühle
	Salz

Kartoffelsalat:

500 g	*Kartoffeln*
2	*Schalotten, fein gehackt*
1	*Knoblauchzehe, zerdrückt*
4 EL	*Weinessig*

Frankfurter Kräutersoße:

4–5 EL	*Grüne-Soße-Kräuter, gehackt*
100 ml	*Olivenöl*
4	*Knoblauchzehen*
2 EL	*Parmesan, gerieben*
2 EL	*Mandeln, gehackt und geröstet*
	Pfeffer aus der Mühle
	Salz

Zubereitung:

Die Kartoffeln in kleine Stücke schneiden, in Wasser mit etwas Salz weich kochen. Dann abgießen und über die noch warmen Kartoffeln die Schalotten, den Knoblauch und den Weinessig geben. Kurz umrühren und marinieren lassen. Für die Kräutersoße die Knoblauchzehen sehr fein hacken und in einer kleinen Schüssel mit den Kräutern, dem Olivenöl, dem Parmesan, den gerösteten Mandeln und etwas Pfeffer und Salz verrühren. Ebenfalls etwas marinieren lassen. Den Seeteufel in Stücke schneiden, waschen, trocken tupfen, mit Pfeffer und Salz würzen und in heißem Öl braten. Vor dem Anrichten die warmen Kartoffeln mit der Kräutersoße mischen und dann zu dem Fisch auf den Teller geben.

KASSLER-SAUERKRAUT-PIE

Hauptspeise für 4 Portionen:

		Pie-Teig:	
300 g	*Kassler*	*100 g*	*kalte Margarine*
300 g	*Sauerkraut*	*25 g*	*Butterschmalz*
1 Stange	*Lauch*	*¼ TL*	*Salz*
100 g	*Gruyère-Käse*	*210 g*	*Mehl*
6	*Wachholderbeeren*	*3 EL*	*Wasser*
6	*weiße Pfefferkörner*	*1*	*Eigelb*
1	*Lorbeerblatt*		*Butter zum Einpinseln der Form*

Zubereitung:

Die Margarine und das Schmalz in dünne Scheibchen schneiden. Das Mehl mit dem Salz mischen, zugeben und mit einem großen Messer einen bröseligen Teig hacken. Soviel eiskaltes Wasser einkneten, dass der Teig eben noch zusammenhält. Es dürfen noch kleine Fettstückchen im Teig zu sehen sein. Den Teig zur Kugel formen und in Frischhaltefolie eingewickelt 1 bis 2 Stunden im Kühlschrank ruhen lassen. Danach das Eigelb mit 1 Esslöffel Wasser verquirlen. Den Teig dünn ausrollen. Eine Pie-Form oder eine Springform mit einem Durchmesser von etwa 21 Zentimetern mit Butter einpinseln. Den Teig hineinlegen und dabei einen hohen Rand ziehen. Den Boden mit einer Gabel mehrfach einstechen. Den Rand mit Eigelb bepinseln. Aus dem restlichen Teig einen Deckel ausrollen, mit einer Gabel mehrfach einstechen und ebenfalls mit Eigelb bestreichen. Das Sauerkraut kräftig ausdrücken, das Kassler vom Knochen lösen und das Fleisch in etwa 2 cm große Würfel schneiden. Die Wacholderbeeren, die Pfefferkörner und das Lorbeerblatt im Mörser zerstoßen. Das Weiße und das Hellgrüne der geputzten Lauchstange in Scheiben schneiden und die Ringe auseinanderdrücken. Anschließend das Sauerkraut mit dem Lauch und dem Kassler mischen und auf dem Quicheboden verteilen. Die Gewürzmischung darüberstreuen und den Käse darüberreiben. Den Pie-Deckel daraufgeben und andrücken. Im vorgeheizten Backofen etwa 15 bis 20 Minuten backen, bis der Pie-Deckel goldbraun ist.

TRAUBEN AN TRESTER-CREME

Denkt man an die Großstadt Frankfurt, eine Metropole der Banken und des Verkehrs, kann man sich kaum vorstellen, dass Frankfurt über einen eigenen Weinberg verfügt. Dieser ist seit Hunderten von Jahren in städtischem Besitz, liegt auf dem Lohrberg im Nordosten Frankfurts und bringt einen jährlichen Ertrag von etwa 4.000 Flaschen. Probieren und kaufen kann man diesen Tropfen nur im Frankfurter Römer.

Nachspeise für 4 Portionen:

500 g	Trauben		100 ml	Sahne
1 EL	Honig		2 TL	Speisestärke
4 EL + 1 Schuss Trester-Schnaps				Butter für die Form
5	Eier, getrennt			
50 g	Zucker		Garnitur:	
1 Pkg.	Vanillezucker		30 g	Mandelkerne

Zubereitung:

Die Trauben waschen, halbieren und entkernen. Den flüssigen Honig mit dem Trester-Schnaps verrühren, zu den Trauben geben, gut mischen und zugedeckt 20 Minuten ziehen lassen. Das Eigelb in eine Schüssel geben, mit dem Zucker und dem Vanillezucker schaumig rühren. Dann den Rahm einrühren. Die Speisestärke mit einem Schuss Trester-Schnaps in einem Schüsselchen glatt rühren und anschließend unter die Eigelb-Zucker-Mischung rühren. 4 kleine feuerfeste Förmchen mit Butter einpinseln und die Trauben hinein geben. Das Eiweiß steif schlagen und unter die Eigelbmischung ziehen. Dann diese über die Trauben gießen und im auf 180 °C vorgeheizten Backofen auf der mittleren Schiene etwa 20 Minuten backen, bis die Masse fest geworden ist. Aus dem Ofen nehmen und abkühlen lassen. Für die Garnitur den Zucker in einer Pfanne hell karamellisieren, die Mandelkerne zufügen und im Karamellzucker wenden. Dann die Mandeln auf ein eingeöltes Blech geben und dort abkühlen lassen. Anschließend mit einem großen Küchenmesser zerhacken. Die Mandeln über die abgekühlte Creme streuen und nach Geschmack noch mit etwas Vanillesoße servieren.

FLYING CRANE

Die Lufthansa ist die größte deutsche Fluglinie mit Heimatflughafen in Frankfurt. Der Kranich ist das Markenzeichen der Lufthansa. Otto Firle entwarf es bereits im Jahre 1918.

Zutaten für 1 Drink:

4 cl	Calvados
2 cl	Blue Curaçao
2 cl	Zitronensaft (frisch gepresst)
	Sekt

Zubereitung:

Alle Zutaten bis auf den Sekt zusammen mit Eis in einen Shaker geben und kräftig schütteln. Anschließend in ein Glas gießen und mit Sekt (möglichst Lufthansa-Sekt/Mumm) auffüllen.

Frankfurter Kaiserdom

Das alte Opernhaus

FRANKFURT
MEETS
MAILAND

Wenn sich die Hitze des Sommers über die Metropole am Main legt und in der Mittagszeit die Menschen von der Straße in den Schatten fegt, kehrt für kurze Zeit etwas Ruhe ein. Bei einem Eis in der Gelateria oder einer kalten Crema di Pomodori im Ristorante nebenan lässt sich hinter der Scheibe im klimatisierten Raum das Treiben auf der Straße beobachten.

Manche Menschen brauchen keine Mittagspausen, für andere gehört sie zur Lebensart, und so sind sich manche Frankfurter und Mailänder sehr nahe, was Lebensart und die persönliche Nähe zum Stammrestaurant betrifft.

MAIN-CROSTINI

Vorspeise für 15 Stück:

15 Scheiben	*Ciabatta (ital. Weißbrot)*
5 EL	*Olivenöl*
5	*Knoblauchzehen, fein gehackt*
500 g	*Eiertomaten, reif*
200 g	*Handkäse*
1 EL	*Petersilie, gehackt*
	Cayennepfeffer
	schwarzer Pfeffer aus der Mühle
	Salz

Zubereitung:

Die Ciabatta-Scheiben auf ein Backblech legen und mit etwas Olivenöl beträufeln. Den Knoblauch darüberstreuen. Im auf 180 °C vorgeheizten Backofen rösten. Die Tomaten waschen, die Stielansätze herausschneiden und die Tomaten in dünne Scheiben schneiden. Den Handkäse ebenfalls in dünne Scheiben schneiden. Falls sich Kümmel am Handkäs befindet, diesen entfernen. Jede Brotscheibe mit 2 Tomatenscheiben belegen, mit Salz, schwarzem Pfeffer und etwas Cayennepfeffer würzen und die Handkäsescheiben obenauf legen. Im Backofen weitere 10 Minuten backen. Anschließend aus dem Ofen nehmen, etwas von der frischen Petersilie darüberstreuen und heiß servieren.

SPAGHETTI MIT FRANKFURTER PESTO

Vorspeise für 4 Portionen:

400 g	*Spaghetti*
220 g	*Grüne-Soße-Kräuter*
3 EL	*Pinienkerne*
3	*Knoblauchzehen, geschält*
100 g	*Parmesan, gerieben*
200 ml	*Olivenöl*
	Pfeffer aus der Mühle
	Salz

Zubereitung:

Die Grüne-Soße-Kräuter waschen und gut abtropfen lassen. Dann die Blätter abzupfen und trocken tupfen. Die Kräuterblätter mit dem Knoblauch und den Pinienkernen in den Küchenmixer geben. Alles zu einer cremigen Masse verarbeiten und in eine Schüssel füllen. Den geriebenen Parmesan zugeben und vom Olivenöl tropfenweise immer soviel unterrühren, wie von den Zutaten aufgenommen wird. Das Pesto soll sich zu einer cremigen Soße verbinden. Anschließend mit Salz und Pfeffer kräftig würzen. Reichlich Salzwasser in einem Topf aufkochen und die Spaghetti darin in etwa 8 Minuten „al dente" kochen. Von dem heißen Nudelwasser 3 Esslöffel abnehmen und unter das Frankfurter Pesto rühren. Die Spaghetti abgießen, abtropfen lassen und mit dem Pesto in einer vorgewärmten Schüssel mischen. Das Pesto hält sich verschlossen und kühl bis zu 3 Wochen.

KRÄUTERPASTA MIT MASCARPONE-SOSSE

Köstliche Pasta mit frischer Soße. Das Mascarpone-Zitronen-Aroma der Soße passt ausgezeichnet zu den Grüne-Soße-Kräutern in der Pasta.

Vorspeise für 4 Portionen:

500 g	*Mehl*	*Soße:*	
5	*Eier*	*250 g*	*Mascarpone*
2 TL	*Olivenöl*	*5 EL*	*Zitronensaft*
1 Prs.	*Salz*	*1 TL*	*Zitronenschale, gerieben*
3–4 EL	*Grüne-Soße-Kräuter, grob gehackt*		*schwarzer Pfeffer aus der Mühle*
			Salz

Zubereitung:

Für die Zubereitung der Pasta das Mehl auf die Arbeitsfläche sieben, in die Mitte eine Vertiefung formen, die Eier, das Olivenöl und etwas Salz hineingeben. Nach und nach mit dem Mehl verrühren. Anschließend daraus eine glatte Kugel kneten und in Klarsichtfolie eingewickelt 1 Stunde ruhen lassen. Danach die Pasta auf einer bemehlten Fläche längs ausrollen und durch die Nudelmaschine kurbeln. Auf eine Teigbahn die Kräuter streuen und eine zweite Bahn obenauf legen. Nun erneut durch die Nudelmaschine drehen. Die Kräuter sind nun fein im Teig eingeschlossen, aber noch zu sehen. Mit dem verbliebenen Teig auf die gleiche Art verfahren und die Teigbahnen anschließend in kleine Vierecke schneiden. Vor dem Kochen noch 30 Minuten trocknen lassen. Für die Soße den Zitronensaft, die Zitronenschale und den Mascarpone in einer großen Pfanne bei mittlerer Hitze 3 bis 4 Minuten vorsichtig erwärmen und dabei ständig umrühren. Mit Salz und Pfeffer abschmecken. Die Pasta „al dente" kochen und abgießen. Dabei etwa 100 ml Kochwasser aufbewahren. Die Nudeln mit dem Basilikum in die Soße geben und durchmischen, bei Bedarf mit etwas von dem zurückbehaltenen Kochwasser verdünnen und sofort servieren. Mit einigen Kräuter dekorieren und je nach Geschmack geriebenen Parmesan dazu reichen.

SALTIMBOCCA ALLA FRANCOFORTE

Hauptspeise für 4 Portionen:

8	*kleine, dünne Kalbsschnitzel*
8 Scheiben	*luftgetrockneter Schinken*
2–3 EL	*Grüne-Soße-Kräuter, frisch oder tiefgefroren und fein gehackt*
125 ml	*Apfelwein*
3 EL	*Öl*
2 EL	*Butter*
	Holz-Zahnstocher
	schwarzer Pfeffer, frisch gemahlen
	Salz

Zubereitung:

Auf die Schnitzel je eine Scheibe Schinken legen. Die Kräuter darauf verteilen, zusammenklappen und mit je einem Holz-Zahnstocher feststecken. Das Öl in einer Pfanne stark erhitzen und die geklappten Schnitzel 2 bis 3 Minuten von beiden Seiten goldbraun braten. Dann aus der Pfanne nehmen und warm halten. Das Öl abgießen, den Bratensatz mit dem Apfelwein ablöschen und etwas einkochen lassen. Die Hitze reduzieren, die Butter mit dem Schneebesen unter die nicht mehr kochende Soße rühren und mit Salz und Pfeffer abschmecken. Die Schnitzel mit der Soße begießen. Als Beilage blanchierte Zuckerschoten, die kurz in Butter geschwenkt werden, und Salat reichen.

SAUERKRAUTLASAGNE

Hauptspeise für 4 Portionen:

200 g	Lasagneplatten
500 g	mildes Sauerkraut
2	rote Paprikaschoten
1	Zwiebel, gewürfelt
2 EL	Butter sowie Butter für die Form
2 EL	Tomatenmark
125 ml	Zitronensaft
125 g	Crème fraîche
200 g	saure Sahne
100 g	Emmentaler, gerieben
1 EL	Zucker
	Pfeffer aus der Mühle
	Salz

Zubereitung:

Die Lasagneplatten gemäß den Angaben auf der Verpackung vorkochen. Das Sauerkraut zerpflücken, die Paprikaschoten entkernen und in Streifen schneiden. Die Butter in einer Pfanne erhitzen und die Zwiebelwürfel darin glasig dünsten. Anschließend das Tomatenmark, das Sauerkraut, den Zucker sowie die Paprikastreifen hinzufügen und kurz mit andünsten. Mit dem Zitronensaft ablöschen und zugedeckt 5 Minuten garen. Dann die Crème fraîche und die Sahne einrühren und mit Pfeffer und Salz abschmecken. Eine Auflaufform mit Butter auspinseln und die Lasagneplatten mit dem Sauerkraut abwechselnd schichten. Als obere Schicht mit dem Sauerkraut abschließen. Den Käse darüberstreuen und im auf 180 °C vorgeheizten Backofen 30 bis 40 Minuten backen.

WARMER KARTOFFELSALAT MIT KRÄUTERN

Beilage für 2–4 Portionen:

300 g	neue Kartoffeln, festkochend
100 g	Kräuter, gemischt (Petersilie, Kerbel, Pimpernell, Sauerampfer), gehackt
2 EL	Butter
1 EL	Zitronensaft
1 EL	Essig
1 Msp.	Senf
3 EL	Olivenöl
	Pfeffer aus der Mühle
	Salz

Zubereitung:

Die Kartoffeln mit der Schale etwa 20 Minuten kochen. Das Wasser abgießen, die Kartoffeln pellen und in Scheiben schneiden. Die Butter in einer Pfanne erhitzen und das Olivenöl, den Essig, Zitronensaft und Senf zugeben und mit Pfeffer und Salz abschmecken. Die warmen Kartoffelscheiben auf die Teller verteilen, die Kräutermischung darüberstreuen und die Soße darübergießen.

KWETSCHE-LASAGNE

Nachspeise für 4 Portionen:

8	*Lasagneblätter*
500 g	*Zwetschgen*
150 g	*Dörrzwetschgen, entsteint*
30 g	*Mandeln*
1 TL	*Zimt*
1 EL	*Zucker*

Vanillecreme:

600 ml	*Milch*
80 g	*Zucker*
2	*Eigelb*
1	*Vanillestange, ausgekratztes Mark davon*
1 TL	*Speisestärke*

Zimtzucker:

1 EL	*Zucker*
1 EL	*Zimt*

Zubereitung:

Für die Zubereitung der Vanillecreme von der Milch 2 Esslöffel abnehmen und mit der Speisestärke verrühren. Die restliche Milch mit dem Zucker und dem Vanillemark in einem Topf erhitzen. Die in der Milch aufgelöste Stärke unter die kochende Milch schlagen. Anschließend vom Ofen nehmen, das Eigelb unterschlagen und die Soße abkühlen lassen. Die Lasagneblätter in kochendem Salzwasser „al dente" kochen. Dann abgießen und in kaltem Wasser ziehen lassen. Die frischen und die gedörrten Zwetschgen vierteln, die Mandeln grob hacken und mit den restlichen Zutaten vermischen. Eine Auflaufform mit etwas Butter ausstreichen und die Lasagne, die Mischung und die Vanillecreme abwechselnd hineinschichten. Die letzte Schicht sollte Vanillecreme sein. Die Lasagne im auf 180 °C vorgeheizten Ofen 25 Minuten backen. Mit dem gemischten Zimtzucker bestreuen und heiß servieren.

APFELWEINEIS

Nachspeise für 12 Portionen:

3 L	*Apfelwein*
850 g	*Zucker*
125 g	*Butter*
25	*Eigelb*
2 Stangen	*Zimt*
4 Stangen	*Vanille*
1	*Nelke*
2	*Lorbeerblätter*

Zubereitung:

2 Liter Apfelwein mit dem Zimt, der Nelke und den Lorbeerblättern in einen Topf geben und bei mittlerer Hitze auf einen halben Liter reduzieren. Vom Herd nehmen und den restlichen Apfelwein hineingießen. Den Zucker mit der Butter und der Vanille im Wasserbad auf 70 °C erhitzen, das Eigelb und den Apfelwein (durch ein Sieb) hineingießen. Unter ständigem Rühren auf 85 °C erhitzen und dann unter weiterem Rühren im Eisbad wieder auf 70 °C abkühlen. Die Masse durch ein Sieb passieren, in eine Eismaschine geben und darin zu einem cremigen Eis rühren lassen.

In der Paulskirche

Die Festhalle

MESSE

Jede Messe ist anstrengend, sowohl für den Aussteller als auch für den Besucher, und nach einer Messewoche sind die meisten wohl reif für einen ausgedehnten Urlaub.

Neben den überall unübersehbaren Ess-Ständen, deren Gerüche in der Luft liegen, gibt es in den kleinen Räumen und abgetrennten Bereichen, in denen die Aussteller mit ihren Kunden verhandeln, erlesene Schnittchen und bei zu erwartender positiver Resonanz auch gerne einmal eine Einladung zum Essen. Dann wird mit den besten Speisen und der Kunst des Kochens um die Gunst des Käufers geworben.

Schon von der ersten Erwähnung 1227 an bis zum Bau der auch zur Messe genutzten 1909 eröffneten Festhalle, dem charmanten Kernstück der Messe, waren die Messen in Frankfurt Legende. Es war Pflicht, dort zu erscheinen, und wer sich nicht blicken ließ, gab es am Markt förmlich nicht.

Das Messeprogramm in unseren Tagen ist weit gefächert und – ob Buch-, Automobil- oder Sanitärmesse – sind wie schon seit mehr als 750 Jahren alle vertreten, die Rang und Namen haben. Kaiser Wilhelm selbst übrigens eröffnete 1909 in der Festhalle die erste „Internationale Luftfahrtausstellung", die damals mehr als 1,5 Millionen Schaulustige anzog. Zum Vergleich: Die jährlich etwa 50 stattfindenden Messen zählen zusammen 2,6 Millionen Besucher.

SPARGEL-MOUSSE MIT RÄUCHERFORELLE

Amuse Geule für 6 Portionen:

750 g	*grüner Spargel*	2 EL	*Martini Bianco, trocken*
250 g	*Forellenfilets, geräuchert*	1	*halbes Brötchen, altbacken*
100 g	*Forellenkaviar*	2	*Eiweiß*
200 g	*Crème fraîche*		*weißer Pfeffer aus der Mühle*
125 ml	*Rinderfond*		*Salz*
9 Blatt	*Gelatine, weiß*		

Zubereitung:

Für die Zubereitung der Mousse die Spargel waschen, schälen und die holzigen Enden abschneiden. In einem Topf Wasser mit einer Prise Salz zum Kochen bringen, die Spargelstangen hineingeben und das halbe Brötchen mit der Schnittseite nach unten auf das Kochwasser setzen. Den Spargel 12 bis 15 Minuten garen. Das Brötchen, welches nun die Bitterstoffe aufgenommen hat, entfernen, den Spargel abgießen und gut abtropfen lassen. Von 15 Stangen die Köpfe abschneiden und beiseitelegen. Die Gelatine in eine Schüssel mit kaltem Wasser geben und darin weichen lassen. Danach 6 Scheiben aus der Schüssel nehmen, ausdrücken, bei schwacher Hitze auflösen und mit dem restlichen, grob gehackten Spargel in einem Küchenmixer pürieren. Anschließend die Masse durch ein feines Sieb streichen und im kaltem Wasserbad rühren, bis die Gelatine leicht stockt. Das Eiweiß mit etwas Pfeffer und Salz zu steifem Schnee schlagen. Die Crème fraîche mit einer Gabel auflockern und dann mit dem Eischnee unter das Püree heben. In eine Pastetenform geben und im Kühlschrank 6 bis 8 Stunden abgedeckt fest werden lassen. Die Teller für die Vorspeise im Kühlschrank kalt stellen. Den Fond leicht erwärmen und die restliche Gelatine aus der Schüssel nehmen, ausdrücken und darin auflösen. Anschließend den Martini zugießen. Im kalten Wasserbad rühren, bis der Gelee leicht dicklich wird und damit die Spargelspitzen einpinseln. Den Kaviar auf ein Sieb geben, unter fließendem Wasser abspülen und gut abtropfen lassen. Von der Mousse für jeden Teller 2 Nocken abstechen und in die Mitte der Teller platzieren. Die Spargelspitzen strahlenförmig darum verteilen und das Forellenfilet dazulegen. Den Kaviar auf die Forellenfilets legen. Das Ganze mit dem Rest der Gelatine dekorieren.

HANDKÄS'TRÜFFEL

Amuse Geule für 4 Portionen:

250 g	Frischkäse
150 g	Handkäse
50 g	Walnüsse, gehackt
2 EL	Schnittlauch, gehackt
2 EL	Petersilie, gehackt
4 Scheiben	Pumpernickel
	weißer Pfeffer aus der Mühle
	Salz

Zubereitung:

Den Handkäse in kleine Würfel schneiden und im Schlagkessel über einem kochenden Wasserbad auflösen. Dabei mit dem Schneebesen ständig rühren. Anschließend den Frischkäse zugeben, mit Pfeffer und Salz würzen, gut verrühren und in einer Schüssel mit Eiswasser so lange rühren, bis die Masse fest wird. Die Kräuter mit den Nüssen in eine kleine Schüssel geben und vermischen. Aus der Käsemasse kleine Kugeln formen und diese in der Nussmischung wenden, so dass sie rundum paniert sind. Nach Geschmack auch einige Kugeln unpaniert lassen und nur mit den Kräutern ummanteln. Dazu Pumpernickel reichen.

GRAVAD LAX MIT FRISCHER SOSSE

Eine kleine, aber feine Kräutervariante dieser beliebten schedischen Vorspeise.

Vorspeise für 4 Portionen:

200 g	*Lachs, geräuchert*
1	*Eigelb*
1 EL	*Grüne-Soße-Kräuter, fein gehackt*
2 TL	*Senf*
5 EL	*Öl*
4 TL	*Zitronensaft*
1 EL	*Zucker*

Zubereitung:

Das Eigelb mit dem Senf verrühren, dann das Öl in einem dünnen Strahl und unter ständigem Schlagen mit dem Schneebesen hinzugeben, so dass eine dicke Mayonnaise entsteht. Den Zitronensaft mit dem Zucker in einer zweiten Schüssel verrühren, bis der Zucker sich aufgelöst hat. Dann nach und nach den Zitronensaft in die Mayonnaise einrühren. Die fein gehackten Kräuter unter die Soße rühren und in kleinen Schälchen getrennt zum in Scheiben geschnittenen Lachs reichen.

GRILLHÄHNCHEN AUS DEM DICHTERVIERTEL

Das Dichterviertel, Frankfurts Stadtteil Dornbusch mit den schönen Gründerzeitvillen, ist eine der bevorzugten Wohngegenden Frankfurts.

Hauptspeise für 2 Portionen:

1	*Hähnchen*
100 g	*Butter*
1½	*Bund Petersilie*
½ TL	*frischer Trüffel, fein gehackt*
	Pfeffer aus der Mühle
	Trüffelöl
	Salz

Zubereitung:

Die weiche Butter mit der fein gehackten Petersilie und dem Trüffel vermischen. Das Hähnchen vierteln. Die Haut vorsichtig anheben, so dass sie sich jeweils an den dickeren Fleischstellen ablöst und Taschen entstehen. Die Mischung dick unter die Haut schieben, die Haut wieder fest andrücken. Die Fleischstücke mit Salz und Pfeffer bestreuen, mit etwas Trüffelöl bestreichen und grillen. Dazu Backofenkartoffeln reichen.

BRATEN MIT HENNINGERSOSSE

Eines der heimlichen Wahrzeichen von Frankfurt ist der Henningerturm,
benannt nach der alten Brauerei im Ortsteil Sachsenhausen. Auch beim
„Henninger Dunkler Bock" handelt es sich um ein Bier. Nicht zu verwechseln
mit dem Blauen Bock und Apfelwein.

Hauptspeise für 4 Portionen:

1 kg	*Rindergulasch, grob gewürfelt*
2	*Zwiebeln*
	Öl zum Braten
1 EL	*Mehl*
250 ml	*Henninger Export*
250 ml	*Henninger Dunkler Bock*
1 Zweig	*Thymian*
1	*Lorbeerblatt*
2	*Würfelzucker*
1 TL	*Essig*
1	*Weißbrotscheibe, entrindet*
2 EL	*Senf, scharf*
	Pfeffer aus der Mühle
	Salz

Zubereitung:

Das Öl in einem Bräter erhitzen und das Rindergulasch von allen Seiten darin
anbraten. Anschließend herausnehmen und die Zwiebeln im Bäter schmoren, bis
sie braun sind. Mit dem Mehl bestäuben und unter Rühren 2 Minuten weiter
schmoren lassen. Das Fleisch wieder hinzugeben und das Bier angießen. Mit
soviel Wasser auffüllen, bis das Fleisch knapp bedeckt ist. Den Thymian, das
Lorbeerblatt, den Zucker sowie den Essig zugeben. Das Weißbrot mit Senf bestreichen und auf das Fleisch legen. Zwei Stunden bei milder Hitze und geschlossenem Deckel schmoren lassen, bis das Fleisch zart ist. In dieser Zeit gelegentlich
umrühren. Vor dem Servieren die Kräuter herausnehmen und mit Pfeffer und
Salz abschmecken.

FRANKFURTER OBATZDER

Zwischengericht für 1 - 2 Portionen:

250 g	*reifer Handkäse*
75 g	*Butter, streichfähig*
1	*kleine Zwiebel, sehr fein gehackt*
2 EL	*Apfelwein*
	Pfeffer aus der Mühle
	Salz

Zubereitung:

Den Handkäse mit einer Gabel zerdrücken und mit der Butter vermischen. Dann die gehackte Zwiebel untermischen, mit Pfeffer und Salz würzen und zum Schluss mit etwas Apfelwein abschmecken. Oft wird der Käse mit Kümmel und einigen Scheiben Zwiebel gewürzt. Der ideale Happen zur Frankfurter Messe. Dazu eine Brezel oder ein Stück Brot reichen.

Mainufer

HANDKÄS´-CARPACCIO

Hauptspeise für 4 Portionen:

200 g	*Handkäse, in dünne Scheiben geschnitten*
1	*gelbe Paprikaschote, in feine Würfel geschnitten*
100 g	*Champignons, in dünne Scheiben geschnitten*
2 EL	*Balsamico-Essig*
2 EL	*Olivenöl*
	Pfeffer aus der Mühle
	Salz

Zubereitung:

Die Käsescheiben auf 4 Tellern anrichten und die Champignons und die Paprika darübergeben. Den Essig mit Salz, Pfeffer sowie dem Öl verrühren und darüberträufeln. Dazu Baguette reichen.

FRANKFURTER DOMSPITZEN

Pralinen:

150 g	*Vollmilchschokolade*	100 g	*Kokosfett*
150 g	*Zartbitterschokolade*	200 g	*Nussnougat*
200 g	*Sahne*		*Krokantstückchen*

Zubereitung:

Die Schokolade in Stücke brechen und mit Sahne und Kokosfett unter Rühren erhitzen, bis eine glatte Masse entstanden ist. Den Nussnougat in kleine Stücke schneiden und unter die heiße Masse rühren, bis er sich mit der Schokoladenmasse verbunden hat. Kühl stellen und während des Erkaltens ab und zu umrühren. Die kalte Masse aufschlagen und jeweils eine kleine Portion in einen vorgekühlten Spritzbeutel füllen (bei großen Mengen wird die Masse schon durch die Handwärme flüssig). Diese Masse in Metall- oder Papierrosetten spritzen und mit einigen Krokantstückchen garnieren. Kühl aufbewahren.

GINNHEIMER SPARGELPRALINEN

Der „Europaturm", Frankfurts höchstes Bauwerk wird im Volksmund „Ginnheimer Spargel" genannt. Diese bekannteste Spargelsorte aus Frankfurt ist Namensgeberin für diese vorzüglichen Pralinen, wie man sie nicht alle Tage bekommt.

Pralinen:

5	*Stangen frischer Spargel*
300 g	*Marzipanrohmasse*
250 g	*Nougat*
3 Tafeln	*Blockschokolade*
2 EL	*Mandeln, gehackt*
½	*Brötchen, altbacken*

Zubereitung:

Die Mandeln in einer Pfanne hellbraun rösten und beiseitestellen. Den Spargel in gezuckertem und leicht gesalzenem Wasser mit dem altbackenen Brötchen recht bissfest kochen. Das Wasser abgießen und den Spargel mit kaltem Wasser abschrecken. Diesen in etwa 4 Zentimeter lange Stücke schneiden, gut abkühlen lassen und die einzelnen Stücke mit einem frischen Küchentuch gut abtrocknen. Auf einer kalten bzw. gut gekühlten Arbeitsunterlage den Nougat und das Marzipan zwischen Klarsichtfolie jeweils etwa 3 bis 4 dick stark ausrollen. Beides in 4 x 4 Zentimeter große Quadrate schneiden. Die einzelnen Spargelstücke jeweils erst in Nougat und anschließend in Marzipan einwickeln. Die Blockschokolade in einer Schüssel im warmen, aber nicht kochenden Wasserbad langsam schmelzen. Die vorbereiteten Spargelpralinen nun mit 2 Pralinengabeln in die Schokolade tauchen und auf einem Gitter kurz abtropfen lassen. Dann auf eine mit Folie ausgelegte Unterlage stellen, damit sie einen glatten Boden bekommen. Sofort mit gehackten Mandeln bestreuen und kühl stellen. Die Spargelpralinen sollten spätestens am übernächsten Tag „vernascht" sein.

Frankfurter Lokalbahn

RENNBAHN

Meist duftet es mehr nach sehr ausgewähltem Parfum und dem zarten
Rauch der Havanna-Zigarre als dem herben Geruch des Pferdes, der ab
und zu zum ausgewählten Publikum herüberweht. Bei all den Annehm-
lichkeiten abseits des grünen Rundkurses erinnert dieser dann doch
wieder an den Ort des Geschehens, der zwar scheinbar im Mittelpunkt
steht, aber vor allem die Anwesenden in den Mittelpunkt der Betrachtung
rückt.

Schon seit 1865 existiert die Galopprennbahn und zieht mit ihren
21 Renntagen und fast 200 Pferderennen zwischen März und Dezember
die mehr oder weniger Sportbegeisterten an.

Natürlich gehört in dieses Flair das „Frankfurter Ascot", in dem gut
gekleidete Damen ihre Hüte und exquisiten Kostüme zwischen den mit
Edelfernstechern ausgerüsteten Herren zur Schau tragen, neben dem zum
Event gehörenden Glas Champagner auch der rechte Happen, der den
heiteren Renntag versüßen kann – und leider manchmal muss.

JAKOBSMUSCHEL-TATAR

Vorspeise für 4 Portionen:

12	*Jakobsmuscheln, groß*
1 Bund	*Schnittlauch*
50 g	*Lachskaviar*
	Pfeffer aus der Mühle
	Salz

Marinade:

½	*Zitrone, Saft davon, abgeriebene Schale*
½	*Limette, Saft davon, abgeriebene Schale*
150 ml	*Olivenöl*
10 Blätter	*Zitronenmelisse*
1 Prs.	*Zucker*
	etwas Salz

Zubereitung:

Für die Marinade den Zitronen- und Limettensaft mit dem Salz in eine Schüssel geben, das Salz darin auflösen und mit den geriebenen Schalen, dem Öl und dem Zucker zu einer Marinade rühren. Die Melissenblätter hinzugeben und im Kühlschrank 24 Stunden marinieren lassen. Danach durch ein sehr feines Sieb in eine kleine Schüssel passieren. Mit einem Küchenmesser das Muschelfleisch und das Korail (den Rogen) aus der Schale lösen. Die Schleimhaut entfernen und die Muscheln unter fließendem Wasser abspülen. Mit Küchenkrepp trocken tupfen und in kleine Würfel schneiden. Die Würfel mit der Hälfte des fein geschnittenen Schnittlauchs mischen, wobei man einige Schnittlauchspitzen für die Dekoration beiseitelegen sollte. Dann die Hälfte der Zitronenmarinade, Pfeffer und Salz zugeben und schließlich den Lachskaviar vorsichtig unterziehen. Kurz kühl stellen und aus der Masse kleine Nocken formen. Auf 4 Teller verteilen, mit der restlichen Marinade beträufeln und mit den Schnittlauchspitzen dekorieren.

ROQUEFORT-BIRNEN

Vorspeise für 8 Portionen:

4	*reife Birnen, klein*
100 g	*Roquefort*
150 g	*Quark*
150 ml	*Apfelwein*
1 EL	*Apfelgelee*
1 EL	*Haselnüsse, gehackt*
4 TL	*Apfelgelee*
	weißer Pfeffer aus der Mühle

Zubereitung:

Die Birnen schälen, mit dem Stiel halbieren und die Kerngehäuse mit einem Kaffeelöffel entfernen. Den Apfelwein und die 2 Esslöffel Apfelgelee in eine Kasserolle geben, aufkochen lassen und anschließend die Birnen zugeben. Wenn diese fast weich sind, vom Herd nehmen und in der Flüssigkeit auskühlen lassen. Anschließend herausnehmen und abtropfen lassen. Den Roquefort in einer Schüssel mit einer Gabel zerdrücken, den Quark und zuletzt die Nüsse darunter mischen. Diese Roquefort-Quark-Mischung mit etwas Pfeffer würzen. Jeweils einen halben Teelöffel in einer Birnenhälfte verteilen. Für die Soße die restliche Flüssigkeit auf die Hälfte einkochen lassen, damit auf den Serviertellern einen Spiegel bereiten und die Birnen daraufsetzen.

ENTENLEBER-PRALINE MIT APFEL-CHAMPAGNER-GELEE

Vorspeise für 6–8 Portionen:

Apfel-Champagner-Gelee:
1 EL	Apfelsaft
2 EL	Apfelgelee
3½ Blatt	Gelatine, weiß
330 ml	Champagner

Entenleber-Praline:
250 g	frische Entenleber
100 g	grüner Speck, in sehr dünne Scheiben geschnitten
250 g	Butterfett
2	Eier, leicht geschlagen
2 cl	roter Portwein
2 cl	Cognac
	weißer Pfeffer aus der Mühle
1 Msp.	Pökelsalz
	Salz

Panade:
250 g	Schwarzbrot (Pumpernickel)
2 EL	Rosinen

Zubereitung:

Für das Apfel-Champagner-Gelee den Apfelsaft mit dem Apfelgelee in einem Topf erhitzen. Dann die nach Packungsanweisung in kaltem Wasser vorher eingeweichte Gelatine gut ausdrücken und in der heißen Apfelsoße auflösen. Durch ein feines Sieb in eine flache Schüssel passieren. Unter Rühren mit dem Schneebesen den Champagner langsam zugeben. Mit Frischhaltefolie abdecken und im Kühlschrank 6 bis 8 Stunden fest werden lassen. Auf einen Teller stürzen und den Gelee in kleine Würfelchen schneiden. Die Entenleber waschen, häuten und die Adern sauber herausziehen. Dann die Leber würfeln und mit den Eiern im Küchenmixer fein pürieren. Die Masse anschließend durch ein Sieb in eine Schüssel passieren. Das Butterfett erwärmen, bis es flüssig ist und nach und nach dazurühren. Mit Pökelsalz, Salz und Pfeffer würzen. Den Portwein und den Cognac hinzugießen. Eine Terrinenform (Vol. 500 ml) mit den Speckscheiben so auslegen, dass diese über den Rand zu einem Viertel überstehen. Die Lebermasse hineingeben, mit den überlappenden Speckseiten verschließen und mit Aluminiumfolie abdecken. Eine Auflaufform etwa 2 Zentimeter hoch mit heißem Wasser füllen. Die Terrinenform hineinstellen und im auf 100 °C vorgeheizten Backofen 50 Minuten garen. Anschließend aus dem Wasserbad nehmen und kühl stellen. Für die Panade das Schwarzbrot in kleine Stücke brechen und im Küchenmixer zerbröseln. Anschließend die Rosinen hinzugeben, nochmals kurz zerkleinern und dann auf einen Teller schütten. Mit einem Ausstecher aus der gekühlten Entenlebermasse 6 bis 8 Kugeln formen und diese in der Panade rollen, so dass die Kugeln rundum mit der Schwarzbrotmischung ummantelt sind. In einem luftdichten Behälter für 30 Minuten in den Kühlschrank geben. Die Gelee-Würfelchen auf gekühlte Teller verteilen, jeweils eine Entenleber-Praline hinzugeben und mit Toast oder salzigem Brioche servieren.

Die Affentorhäuser

FRANKFURTER STOPFLEBER-TÖRTCHEN

Da man in Frankfurt weder Gänse noch Enten mästet, wird aufs gute, alte „Ripp-sche" zurückgegriffen – verfeinert mit etwas Hühnerleber.

Vorspeise für 4 Portionen:

Frankfurter Stopfleber:		*Gelee:*	
200 g	*gekochtes Rippchen, ohne Knochen*	*200 ml*	*Kalbsfond*
		100 ml	*Portwein*
100 g	*frische Hühnerleber*	*4 cl*	*Calvados*
100 g	*grüner Speck, in sehr dünne Scheiben geschnitten*	*4 Blatt*	*weiße Gelatine*
300 g	*geklärte Butter*	*Weiter:*	
2	*Eier, leicht geschlagen*	*1*	*Apfel (Boskop)*
2 cl	*roter Portwein*		*Öl zum Braten*
2 cl	*Cognac*		*Pfeffer aus der Mühle*
	weißer Pfeffer aus der Mühle		*Salz*
	Salz		

Zubereitung:

Das Rippchenfleisch in kleine Würfel schneiden und mit den Eiern im Küchen-mixer fein pürieren. Die Masse anschließend durch ein Sieb in eine Schüssel passieren. Die geklärte Butter erwärmen, bis sie flüssig ist und nach und nach dazurühren. Mit Salz und Pfeffer würzen. Den Portwein und den Cognac hinzu-gießen und unterrühren. Eine Terrinenform (Vol. 500 ml) mit den Speckscheiben so auslegen, dass die Speckscheiben über den Rand zu einem Viertel überstehen. Die Masse hineingeben, mit dem überlappenden Speckseiten verschließen und mit Aluminiumfolie abdecken. Eine Auflaufform etwa 2 Zentimeter hoch mit heißem Wasser füllen. Die Terrinenform hineinstellen und im auf 100 °C vorge-heizten Backofen etwa 50 Minuten pochieren. Anschließend aus dem Wasserbad nehmen und kühl stellen. Wenn die Terrine abgekühlt ist, Scheiben von ½ bis 1 Zentimeter Dicke schneiden, daraus mit einem Ausstecher 8 runde Scheiben ausstechen. Für den Gelee den Kalbsfond mit dem Portwein in einer Kasserolle auf etwa ein Viertel reduzieren. Mit Salz und Pfeffer würzen und die zuvor in kaltem Wasser eingeweichte Gelatine darin auflösen. Anschließend auf minimalster Temperatur warm halten. Den Apfel in etwa 3 mm dicke Scheiben schneiden und ebenfalls 8 runde Scheiben ausstechen. Die restliche „Stopfleber" kann für andere Gerichte verwendet werden. Die Apfelscheiben in eine kleine Schüssel geben und mit dem Calvados etwa 20 Minuten marinieren. Die Frankfurter Stopfleberscheiben sparsam mit Salz und Pfeffer würzen und einzeln ganz kurz (etwa 10 Sekunden) von jeder Seite in heißem Öl anbraten. Danach die Apfelscheiben von einer Seite kurz im gleichen Fett braten. Das Bratfett von den Äpfeln und der „Stopfleber" mit Küchenkrepp abtupfen. Jeweils 2 der Frankfurter Stopfleber- und Apfelscheiben wechselweise übereinanderschichten und diese mehrfach mit dem warmen Gelee bestreichen. Dazwischen immer wieder im Kühlschrank abkühlen lassen und vor dem Servieren etwa 30 Minuten gut durchkühlen lassen. Dazu Salat und frisches Baguette reichen.

Am Markt

KANINCHENTERRINE

Vorspeise für 4 Portionen:

2	*Kaninchenläufe*
250 g	*Schweinefleisch, nicht zu mager*
150 g	*Kaninchenbraten*
50 g	*Speck, in dünne Scheiben geschnitten*
50 g	*Zwiebel, gehackt*
30 g	*Butter*
1	*Ei, leicht geschlagen*
4 EL	*Apfelwein*
30 g	*Semmelbrösel*
½ TL	*Thymian, gehackt*
	Pfeffer aus der Mühle
	Salz

Zubereitung:

Die Knochen aus den Kaninchenläufen lösen und mit dem Schweinefleisch und der Zwiebel zweimal durch den Fleischwolf drehen. Dabei sollte eine kleine Scheibe aufgesetzt sein, damit die Masse möglichst fein wird. Die Butter in einer Pfanne erhitzen und die Fleischmischung unter Rühren leicht durchbraten. Etwas Salz, Pfeffer und Thymian hineinstreuen. Anschließend in eine Schüssel geben und die etwas abgekühlte Masse mit Apfelwein, Semmelbröseln und dem Ei gut vermischen. Den kalten Kaninchenbraten in Würfel schneiden. Eine Pastetenform mit den sehr dünn geschnittenen Speckscheiben auslegen und lagenweise mit der Fleischmasse und den Kaninchenbratenwürfeln füllen. Obenauf ebenfalls mit den Speckscheiben belegen. Im Wasserbad etwa 1½ Stunden kochen. Dann aus dem Wasserbad nehmen und in der Form auskühlen lassen. Vor dem Stürzen kurz in heißes Wasser tauchen. Zum Servieren in Scheiben schneiden und dazu frisches Brot und Johannisbeermarmelade oder Preiselbeerkompott reichen.

GRATINIERTER HUMMER AUF SAUERKRAUTBETT MIT APFELWEIN-BUTTERSOSSE

Hauptspeise für 2 Portionen:

Sud und Soße:

2	Hummer

Sauerkraut:

150 g	Sauerkraut
20 g	Butter
1	Knoblauchzehe
1 Prs.	Muskatnuss
	Pfeffer aus der Mühle
	Salz

2 EL	Olivenöl
60 g	Butter
½ TL	Salz
1	Zwiebel, gehackt
1 EL	Petersilie, gehackt
1	Karotte, in dünne Scheiben
	geschnitten
750 ml	Apfelwein, trocken
2 cl	Wermut, trocken
1 cl	Calvados
2 EL	Crème fraîche

Zubereitung:

Die Hummer in kochendem Wasser 4 Minuten kochen, herausnehmen und abkühlen lassen. Dann die Scheren aufbrechen, die Hummerschwänze halbieren und den Magensack entfernen. Für den Sud die Hummerkarkasse in 2 Esslöffeln Olivenöl anbraten. Dann die Butter und die Gemüse zugeben und 15 Minuten weiter köcheln lassen. Den Apfelwein, den Wermut sowie den Calvados zugießen, 15 Minuten köcheln lassen, vom Herd nehmen und weitere 15 Minuten ziehen lassen. Anschließend durch ein Sieb in einen Topf passieren. Die Hummerschwänze und die Scheren 5 Minuten in diesem Sud köcheln lassen. Anschließend das Fleisch entnehmen und in Medaillons schneiden. Den Sud auf etwa 10 ml einkochen lassen. Dann mit der Crème fraîche aufschlagen und das Hummerfleisch darin warm halten. Für das Sauerkrautbett den Spinat waschen und in einem Sieb gut abtropfen lassen. Den Knoblauch mit der Butter in einem Topf anschwitzen, das Kraut hineingeben und mit Pfeffer, Salz und Muskatnuss würzen. Einige Minuten unter Rühren anbraten. Das Kraut flach auf 2 Teller geben, die Hummerstücke aus der Soße nehmen, darauflegen und mit der Soße übergießen. Anschließend im heißen Backofen und bei eingeschaltetem Grill 5 Minuten gratinieren.

VICTORIABARSCH MIT FRANKFURTER-KRANZ-SOSSE

Die kalte Soße wird zwar nicht aus Frankfurter Kranz hergestellt, doch die wichtigen Zutaten, wie Rum und karamellisierte Mandeln, geben ihr eine exotische Note.

Hauptspeise für 2 Portionen:

2	*Victoriasee-Barschfilets*		*Kranz-Soße:*	
	(400–500 g)		*50 g*	*Mandeln, ungeschält*
	Zitronensaft		*½ EL*	*Zucker*
	Olivenöl		*1 Fläschchen*	*Rum-Aroma*
	Pfeffer aus der Mühle		*1*	*große Fleischtomate*
	Salz		*3*	*Knoblauchzehen*
				Salz
				schwarzer Pfeffer aus der Mühle
			1 Prs.	*Cayennepfeffer*
			1 EL	*Rotweinessig*
			6 EL	*Olivenöl*

Zubereitung:

Für die Soße Mandeln mit kochendem Wasser überbrühen, die Kerne aus den Schalen drücken und in einer trockenen Pfanne mit dem Zucker karamellisieren. Die Tomaten überbrühen, häuten und entkernen. Den Knoblauch schälen und alles zusammen im Mixer pürieren. Die Soße mit Salz, Pfeffer, Cayennepfeffer, Rum-Aroma und Essig kräftig würzen, bevor das Olivenöl untergerührt wird. Die Viktoriasee-Barschfilets waschen, trocken tupfen, mit Salz, Pfeffer und Zitronensaft würzen und in Öl 5 bis 10 Minuten braten. Auf die Teller verteilen, die Soße darangeben und dazu Kartoffelbrei und grünen Salat reichen.

LACHS AUS DEM MAIN IN SEKTSOSSE

Anfang des Jahrhunderts tummelten sich Lachse, Meerforellen, Maifische und Störe im Main. Die Lachspopulationen in Deutschlands Flüssen ist wieder am Wachsen, und auch im Main gibt es bereits die ersten Exemplare. Wem das Anglerglück jedoch nicht hold ist, kann auch frischen Lachs in der Kleinmarkthalle kaufen.

Hauptspeise für 2 Portionen:

2	*Lachsfilets*
200 ml	*Sahne*
250 ml	*Champagner*
	Butter
	Soßenbinder
	Pfeffer aus der Mühle
	Salz

Zubereitung:

Die Lachsfilets in einer Kasserolle mit der Butter kurz anbraten. Dann die Sahne mit dem Champagner in den Topf geben und mit Pfeffer und Salz abschmecken. Die Lachsfilets in der Soße gar ziehen lassen. Dann aus der Soße nehmen und warm stellen. Die Soße unter gelegentlichem Rühren auf die gewünschte Konsistenz reduzieren lassen und, falls nötig, mit etwas Soßenbinder eindicken. Die Filets auf vorgewärmten Tellern anrichten, die Soße darübergeben und dazu frisches Baguette und ein Glas Champagner reichen.

WRAPS FOR THE DAY AT THE RACES

Hauptspeise für 6 Portionen:

150 g	*Mehl*	*Füllung:*	
½ TL	*Backpulver*	80 g	*Frischkäse*
½ TL	*Salz*	1 TL	*Zitronensaft*
10 g	*Schmalz*	3 Scheiben	*gekochter Schinken*
		12 Stangen	*Spargel, gekocht*
		6 EL	*Emmentaler, geraspelt*
		10 Blätter	*Kopfsalat, gewaschen*
		1	*Tomate, entkernt und in Würfel geschnitten*
		1 EL	*Petersilie, fein gehackt Pfeffer aus der Mühle Salz*

Zubereitung:

Für die Füllung den Frischkäse, den Zitronensaft, Pfeffer und Salz in eine Schüssel geben und gut verrühren. Den Salat hacken und mit dem in Würfel geschnittenen Schinken und der Petersilie unter den Frischkäse rühren. Anschließend die Tomatenwürfel unterheben. Für die Zubereitung der Wraps das Mehl mit dem Backpulver und dem Salz in einer Schüssel mischen und mit dem Schmalz zu einem geschmeidigen Teig verkneten. Den Teig zu einer Rolle formen und in 6 gleich große Stücke teilen. Jedes Stück zu einer Kugel rollen und auf einer leicht bemehlten Fläche zu einem Teigfladen mit 15 Zentimeter Durchmesser dünn ausrollen. Die Wraps in einer beschichteten Pfanne ohne Fett bei mittlerer Temperatur nur erwärmen, bis sie hellgelb sind, dann die Wraps sofort mit der Füllung bestreichen, mit jeweils 2 Spargelstangen belegen und den geriebenen Käse darüberstreuen. Anschließend sofort zusammenrollen, dafür das untere Ende einschlagen und die Seiten übereinanderrollen.

BUCHMACHER-TOAST

Hauptspeise für 6 Portionen:

200 g	*Schinken, gekocht, in Scheiben*
1	*Zwiebel*
200 g	*Crème fraîche*
150 g	*Schmand*
150 g	*Käse, gerieben*
	Pfeffer aus der Mühle
	Salz

Zubereitung:

Den Schinken und die Zwiebel in kleine Würfel schneiden. In einer Schüssel mit der Crème fraîche, dem Schmand und 100 g des geriebenen Käses verrühren. Mit Pfeffer und Salz abschmecken. Dann den Belag auf die Toastscheiben streichen, den restlichen Käse darüberstreuen und 15 Minuten im vorgeheizten Ofen überbacken.

Pferderennen auf dem Rossmarkt

FRANKFURTER KRÄNZSCHE

„Was will isch mit ´nem Kuche uff de Rennbahn?" fragte die Oma des Jockeys und zauberte aus dem Frankfurter Kranz eine wunderbare Nachspeise. Übrigens ist den Konditoren die Verwendung von Margarine in Boden und Füllung des Frankfurter Kranzes höchstrichterlich verboten.

Nachspeise für 4 Portionen:

Teig:		*Buttercreme:*	
50 g	Butter	100 g	Zucker
80 g	Zucker	1 Pkg.	Vanillepudding
2	Eier, etwas Salz	500 ml	Milch
½ Fläschchen	Rum-Aroma	200 g	Butter
80 g	Weizenmehl		
25 g	Speisestärke	*Krokant:*	
1 TL	Backpulver	60 g	Zucker
		½ TL	Butter
		125 g	Mandeln, abgezogen und gehackt

Zubereitung:

Die Butter in einer Schüssel schaumig rühren und nach und nach den Zucker, die Eier und das Rum-Aroma hinzugeben. Das mit Speisestärke und Backpulver zuvor gemischte und gesiebte Mehl esslöffelweise unterrühren, den Teig auf ein gefettetes Backblech geben und dünn verteilen. Im auf 175 °C vorgeheizten Backofen einige Minuten backen, bis der Teig goldgelb ist. Dann aus dem Ofen nehmen und vorsichtig auf ein flaches Brett stürzen. Den Teig abkühlen lassen und mit einer Timbale oder einem runden Ausstecher von 7 bis 8 Zentimetern Durchmesser 18 Kreise ausstechen. Für die Buttercreme das Puddingpulver und den Zucker mit 6 Esslöffeln Milch anrühren. Die verbliebene Milch in einem Topf erhitzen. Wenn die Milch kocht, den Topf vom Herd nehmen, das angerührte Puddingpulver langsam unterrühren und den Pudding anschließend unter Rühren nochmals aufkochen lassen. Während des Erkaltens den Pudding ab und zu durchrühren. Die zimmerwarme Butter in einer Schüssel mit dem Handrührer schaumig rühren, dann den vollständig erkalteten Pudding esslöffelweise daruntergeben. Der Krokant wird bereitet, indem man die Butter und den

Zucker in einer Pfanne unter Rühren erhitzt, bis der Zucker schwach gebräunt ist. Die Mandeln darunterrühren, unter weiterem Rühren erhitzen, bis der Krokant genug gebräunt ist. Die Masse auf eine geölte Platte geben und abkühlen lassen. Nach dem Erkalten den Krokant in kleine Stücke zerstoßen. 6 der ausgestochenen Teigscheiben nebeneinander legen. Jedes mit Buttercreme bestreichen, dann jeweils eine weitere Teigscheibe daraufgeben, erneut mit Buttercreme bestreichen und jeweils eine dritte Teigplatte obenaufgeben. Dann die Törtchen rundum mit Buttercreme bestreichen und obenauf eine dickere Schicht geben. Anschließend rundum mit den Krokant bestreuen und mit etwas Buttercreme verzieren.

ORIGINAL FRANKFURTER TEEBREZELN

Backwaren für 4 Portionen:

280 g	Butter	*weiter:*	
70 g	Zucker	2 EL	Mandeln, gehackt
6	Eier, leicht geschlagen	etwas	Butter für das Blech
½	Vanillestange	1	Ei, geschlagen
4 EL	Hefe		grober Zucker
125 g	Sahne		
560 g	Mehl		
1 Prs.	Salz		

Zubereitung:

150 g Mehl mit der Hefe und der Sahne verrühren, warm stellen und aufgehen lassen. Die Vanille und den Zucker im Mörser fein zerstoßen. Den aromatisierten Zucker mit dem restlichen Mehl, den Eiern, dem Salz und der Butter zu einem Teig kneten. Den aufgegangenen Teig (mit der Sahne) beigeben und mit Mehl bestäuben. Den Teig 3 bis 4 Stunden gehen lassen. Anschließend kleine Brezeln formen, auf ein mit Butter bestrichenes Backblech legen und an einem warmen Ort nochmals gehen lassen. Mit etwas Ei bestreichen, mit gehackten Mandeln und grobem Zucker bestreuen und im vorgeheizten Backofen goldgelb backen.

GALOPPER-KREPPEL

Die Galopprennbahn in Frankfurt-Niederrad ist der neben Düsseldorf und Baden-Baden älteste Veranstalter von Galopprennen in Deutschland. Als Hommage an das Mutterland des Pferderennsports werden die Kreppel mit Bitterorangen-Marmelade gefüllt. Je nach Abnehmer kann die Marmelade auch noch mit etwas Gin verfeinert werden.

Backwaren für 4 Portionen:

300 g	*Mehl*	2	*Eigelb*
½ TL	*Salz*	20 g	*Hefe*
4 EL	*Zucker*	250 ml	*Milch*
½	*Zitrone, davon abgeriebene*		*Öl zum Frittieren*
	Schale		*Marmelade für die Füllung*
25 g	*Margarine, weich*		*Puderzucker*

Zubereitung:

Für den Teig Mehl, Salz, Zucker und Zitronenschale in einer Schüssel gut mischen. Die Margarine, das Eigelb sowie die mit der Milch angerührte Hefe zugeben, mischen und zu einem geschmeidigen Teig kneten. Zugedeckt bei Zimmertemperatur etwa 2 Stunden aufs Doppelte aufgehen lassen. Nach dieser Zeit aus dem aufgegangenen Teig 10 gleich große Kugeln formen. Diese auf ein leicht bemehltes Tuch setzen, etwas platt drücken und nochmals etwa 1 Stunde bei Zimmertemperatur gehen lassen. Zum Frittieren einen Brattopf zur Hälfte, bzw. eine Friteuse mit Frittieröl füllen und dieses auf 750 °C erhitzen. Je 2 bis 3 Kugeln mit der Rundung nach unten ins Öl geben und zugedeckt etwa 3 Minuten backen. Dann die Kreppel wenden und weitere 3 Minuten ohne Deckel backen. Herausnehmen und auf einem mit Haushaltspapier bedeckten Tortengitter abtropfen lassen. Mit den restlichen Teig-Kugeln ebenso verfahren. Die Bitterorangen-Marmelade in einen Spritzsack oder eine Kuchenspritze mit feiner, langer Tülle geben, diese an der hellen Seitenlinie ins Innere der noch warmen Kreppel stoßen und mit etwa 2 Teelöffeln Marmelade füllen. Im Puderzucker wenden. Noch lauwarm serviert, schmecken die Kreppel am besten.

HESSEN-CIDRE-BOWLE

Getränk für 10 Portionen:

700 ml	*Hessen-Cidre*
1 L	*Apfelsaft*
75 ml	*Calvados*
75 ml	*Zitronensaft*
300 g	*rote Äpfel*
2	*Zitronen*
2 Stück	*Würfelzucker*
	einige Blätter Zitronenmelisse

Zubereitung:

Die Äpfel waschen, das Kerngehäuse ausstechen und ungeschält in dünne Scheiben schneiden. Die Zitronen gründlich waschen und ebenfalls in Scheiben schneiden. In ein Bowlegefäß aus Kristallglas geben, mit dem Zitronensaft, dem Calvados, dem Würfelzucker und dem Apfelsaft verrühren. Vor dem Servieren 3 Stunden kalt stellen, dann mit dem eiskalten, herben Cidre auffüllen und mit Melisseblättern garnieren.

Händler am Mainufer

STADT AM FLUSS

Langsam fließt der Main durch die weiten, sanft geschwungenen Schleifen seines Flussbettes, bis er endlich, so kurz vor seiner Mündung und nach einer langen, aufregenden Reise durch die Mittelgebirge, wobei sich am Oberlauf seine Kinderstube befindet, Frankfurt erreicht.

Die letzte Mainfähre in Frankfurt pendelt noch zwischen Schwanheim und Höchst und lässt in der kurzen Zeit der Ruhe, wenn man mit ihr übersetzt, die hektische, rastlose Stadt vergessen. Alles, sogar die Zeit, passt sich dem Tempo des schon immer langsam dahin gleitenden Flusses an.

Die übrig gebliebenen Brachflächen an den Mainufern suchten viele Jahre neue Nutzungen, und immer mehr eigneten sich die Bürger der Stadt diese Zwischenräume, ihre Nischen an, um dort, oft in Laufweite, ihre freie Zeit oder Mittagspause zu verbringen.

Zwischen den Hafenkneipen und dem betriebsamen Verladeanlagen, aber auch auf der anderen Mainseite im Grünen haben sich Gasthäuser, wie Ma Chance, die Bootshäuser oder die Gerbermühle, erhalten, die vom Hang der Frankfurter zum Fluss erzählen. Die Wiesen und Flussauen laden zum kurzen Verweilen oder auch zum ausgedehnten Picknick ein, das auch schon einmal den ganzen Tag lang dauern kann. Hier wurde – so scheint es – schon immer gegessen und genossen.

KÄSEDATTELN

Amuse Geule für 4 Portionen:

500 g	*Datteln, frisch*
250 g	*Quark*
200 g	*Frischkäse*
150 g	*Gorgonzola*
	etwas Sahne
	Mandelblättchen

Zubereitung:

Den Gorgonzola, den Quark und den Frischkäse in eine Schüssel geben und mit dem Mixer zu einer cremigen Masse rühren. Anschließend etwas Sahne zugeben und erneut verrühren. Die Datteln einschneiden und entkernen. Die Käsemasse in einen Spritzbeutel füllen und die Datteln mit der Masse füllen. Auf die Käsecreme einige Mandelblättchen geben.

Der Goethe im Städel

LACHSRILLETTE

Vorspeise für 4 Portionen:

250 g	*frisches Lachsfilet, ohne Haut*
150 g	*geräucherter Lachs*
500 ml	*Bouillon*
125 g	*Butter, zimmerwarm*
½	*Zitrone, abgeriebene Schale davon*
	etwas Olivenöl
	Pfeffer aus der Mühle
	Salz

Zubereitung:

Die Bouillon in einem Topf erhitzen und den frischen Lachs darin 20 Minuten köcheln lassen. Anschließend vom Herd nehmen und abkühlen lassen. Den geräucherten Lachs in Stücke schneiden, mit der Butter sowie einem halben Teelöffel Salz in eine Schüssel geben und mit einer Gabel zu einer Creme zerdrücken. Den gekochten Lachs aus der Bouillon nehmen, gut abtropfen lassen, mit dem Olivenöl zur Creme geben, ebenfalls mit der Gabel gut zerdrücken und das Ganze vermengen. Die Masse mit Zitronenschale, Pfeffer und, wenn nötig, noch mit etwas Salz würzen. Im Kühlschrank 12 bis 24 Stunden kühl stellen. Etwa 1 Stunde vor dem Servieren aus dem Kühlschrank nehmen und mit Toast servieren.

MAIN-AUSTERN

Vorspeise für 4 Portionen:

24	*Austern*

Dip:

100 ml	*Weinessig*
50 ml	*Rinderfond*
2	*Schalotten, fein gewürfelt*
2 EL	*Sauerkraut, fein gehackt*
	Pfeffer aus der Mühle
	Salz
	Eis, zerstoßen

Zubereitung:

Für den Dip den Weinessig mit dem kalten Rinderfond in einer kleinen Schüssel verrühren, die Schalottenwürfel und das gehackte Sauerkraut zugeben und mit Pfeffer und ein wenig Salz abschmecken. Das zerstoßene Eis in eine Schale geben, die Austern öffnen und auf das Eis setzen. Beim Öffnen darauf achten, dass nicht zuviel Flüssigkeit von den Austern verloren geht. Den Dip dazu in einem Kännchen oder einer Schale servieren, so dass man ihn über die Austern träufeln kann.

JAKOBSMUSCHELN IN ÄPPLER-SAHNE

Vorspeise für 4 Portionen:

500 g	Jakobsmuscheln	200 g	Sahne
3	Schalotten, fein gehackt	2 TL	Butter
1	Knoblauchzehe, zerdrückt	2 TL	Zitronensaft
1	Handvoll Grüne-Soße-Kräu-		Cayennepfeffer
	ter, fein gehackt		weißer Pfeffer aus der Mühle
250 ml	Apfelwein		Salz

Zubereitung:

In einer großen Pfanne die Butter erhitzen, den Knoblauch und die Schalotten bei schwacher Hitze darin weich dünsten. Mit dem Apfelwein ablöschen und auf die Hälfte einkochen lassen. Dann die Sahne zugießen und bei schwacher Hitze köcheln, bis die Soße cremig wird. Alles in eine Schüssel geben und mit dem Pürierstab durchmixen. Mit Salz, Pfeffer, dem Cayennepfeffer und dem Zitronensaft abschmecken. Die Jakobsmuscheln unter fließendem kalten Wasser abspülen. Den roten Rogensack (Korail) abtrennen und beiseitelegen. Die Soße in eine nicht zu große Pfanne geben. Die Muscheln hineinlegen und zugedeckt bei schwacher Hitze 3 Minuten gar ziehen lassen. Anschließend die Grüne-Soße-Kräuter und die Korails in die Soße geben und darin kurz erwärmen. Auf vorgewärmten Tellern anrichten und frisch geschnittenes Baguette dazu reichen.

GRATINIERTE SEETEUFELBROTE À LA FRANKFURTER WELLE

Vorspeise für 4 Portionen:

700 g	Seeteufelfilet	4 EL	Sahne
30 g	Frühlingszwiebeln, fein gehackt	1 EL	Schnittlauchröllchen
1	Knoblauchzehe, zerdrückt	1 TL	Senf
1	Baguette	6	Tomaten, gehäutet, entkernt, in Würfel geschnitten
80 g	Butter	2 EL	Zitronensaft
2	Eigelb		Pfeffer aus der Mühle
3 EL	Olivenöl		Salz

Zubereitung:

Das Seeteufelfilet enthäuten, waschen und trocken tupfen. In 8 Medaillons schneiden, mit Salz und Pfeffer einreiben und mit Zitronensaft beträufeln. 20 g Butter in einer Pfanne erhitzen und bei mittlerer Hitze von beiden Seiten braten. Die Tomatenwürfel mit der Frühlingszwiebel und 1 EL Olivenöl mischen, mit Pfeffer und Salz würzen. Aus der Baguettemitte sehr schräg 4 Scheiben von 1½ Zentimeter Dicke schneiden und im restlichen Olivenöl von beiden Seiten in einer Pfanne goldgelb braten. Für die Gratinsoße die restliche Butter in einer kleinen Kasserolle erhitzen, den Zitronensaft sowie den Senf unterrühren und mit Salz und dem Knoblauch würzen. Das Eigelb und die Sahne in einer kleinen Schüssel verrühren und dazugießen. Unter ständigem Rühren im Wasserbad erhitzen, bis die Soße eindickt. Diese darf jedoch nicht zum Kochen kommen. Die Brotscheiben auf 4 Teller legen, Tomatenwürfel und je 2 Seeteufelmedaillons darauf verteilen. Die Soße mit einem Löffel darübergeben, die Teller auf ein Backblech setzen und im vorgeheizten Ofen bei eingeschaltetem Grill 2 Minuten gratinieren. Mit Schnittlauch bestreuen und heiß servieren.

KARTOFFELSALAT MIT MARINIERTEN HUMMERN

Salat für 4 Portionen:

3	*Hummer (à 600g)*
12	*Kartoffeln, festkochend*
1	*Zwiebel, fein gewürfelt*
100 ml	*Consommé*
150 ml	*Olivenöl*
1–2 EL	*Champagner-Essig*
	etwas Zucker
	Pfeffer aus der Mühle
	Salz

Zubereitung:

Die Kartoffeln mit der Schale in einem Topf mit Wasser weich kochen. Aus dem warmen Consommé, dem Essig, dem Olivenöl, dem Zucker, dem Pfeffer und etwas Salz eine Marinade zubereiten. Die Zwiebelwürfel in etwas Öl anschwitzen und unter die Marinade rühren. Die noch warmen Kartoffeln pellen, in Scheiben schneiden und in die Marinade heben. Die Hummer in kochendes Wasser geben und einmal aufkochen lassen. Den Topf vom Herd nehmen, noch 5 Minuten ziehen lassen und dann in kaltem Wasser abschrecken. Den Hummer ausbrechen, den Darm entfernen und den Schwanz in Medaillons schneiden. Von dem Kartoffelsalat jeweils 6 Scheiben auf die Teller legen und daneben den warmen Hummer anrichten. Mit etwas Olivenöl beträufeln.

SAUERKRAUT-FISCH-SUPPE

Suppe für 2 Portionen:

2	Seelachsfilets	1 L	Rinderbrühe
100 g	frische Krabben	200 ml	Sahne
2	Scheiben Räucherspeck, in	100 g	Crème fraîche
	kleine Würfel geschnitten	2 TL	Petersilie, fein gehackt
	geschnitten	2 EL	Zitronensaft
300 g	frisches Sauerkraut		Sonnenblumenöl
400 g	Kartoffeln		Cayennepfeffer
½	Stange Lauch, in dünne		schwarzer Pfeffer aus der
	Ringe geschnitten		Mühle
1	Karotte, in Würfel geschnitten		Salz

Zubereitung:

Die Seelachsfilets waschen, mit Küchenkrepp trocken tupfen und in mundgerechte Stücke schneiden. Mit Pfeffer und Salz würzen und mit etwas Zitronensaft beträufeln. Die Kartoffeln schälen und in Würfel schneiden. Das Sauerkraut etwas kleinschneiden. In einem Topf etwas Öl erhitzen, darin den Speck anbraten, die Karotte, den Lauch und die Kartoffelwürfel zugeben. Kurz mitbraten und dann die Brühe mit der Sahne zugießen. Mit Cayennepfeffer, Salz, Pfeffer und Petersilie würzen. Dann das Sauerkraut untermischen und alles zugedeckt bei mittlerer Hitze 15 Minuten köcheln lassen. Die Hitze reduzieren, die Seelachsstücke hineingeben und weitere 15 Minuten ziehen lassen. Anschließend die Krabben hinzufügen, die Crème fraîche vorsichtig unterziehen und die Suppe abschmecken.

POT AU FEU VON FLUSSKREBSEN

Hauptspeise für 4 Portionen:

28	Flusskrebse, groß	1	Zwiebel, gehackt
1	Karotte, klein, in feine Streifen geschnitten	4 EL	Olivenöl
		200 ml	Weißwein
¼	Sellerieknolle, in feine Streifen geschnitten	1 L	Wasser
		3	Lorbeerblätter
1	Zucchini, in feine Streifen geschnitten	½ TL	Dillsamen
		10	Pfefferkörner
2	Kartoffeln, in dünnen Scheiben	300 ml	Öl zum Frittieren
1 Bund	Suppengrün, geputzt, gehackt	100 g	Butter
1	Knoblauchzehe, fein gehackt		frische Dillspitzen
2	Zwiebeln, geviertelt		Pfeffer aus der Mühle
			Salz

Zubereitung:

Die vorgekochten Flusskrebsschwänze aus den Schalen lösen und beiseitestellen. Für den Sud 3 Esslöffel Öl in einer Kasserolle erhitzen und die Krebskarkassen (Scheren, Krebsnase und Schwanzpanzer) darin anrösten. Das Suppengrün und die Zwiebel-Viertel hinzufügen und mitrösten. Anschließend mit Wein ablöschen und etwas einkochen lassen. Dann das Wasser zugießen, aufkochen lassen und dabei mehrmals abschäumen. Die Lorbeerblätter, die Dillsamen und die Pfefferkörner hinzufügen und bei schwacher Hitze 1 Stunde köcheln lassen. Nach dieser Zeit ein Sieb mit einem Tuch auslegen, den Sud durch dieses in einen Topf abgießen und die Karkassen mit dem Tuch gut ausdrücken. Den Sud auf die Hälfte einkochen und entfetten. Das restliche Olivenöl in einem weiteren Topf erhitzen, die Zwiebel und den fein gehackten Knoblauch darin andünsten und mit einem halben Liter des eingekochten Flusskrebssuds ablöschen. Erneut auf ein Drittel einkochen lassen. Dann die Karotten-, die Zucchini- und die Selleriestreifen hinzugeben und mitgaren. Anschließend das Flusskrebsfleisch zufügen und darin erwärmen. Erneut etwas Öl in einem Topf erhitzen, die Kartoffelscheiben darin goldbraun frittieren und auf Küchenpapier abtropfen lassen. Mit Salz würzen. Die Gemüsestreifen und die Krebsschwänze aus dem Sud nehmen und in Suppenteller geben. Die Butter nach und nach in Flöckchen dem Flusskrebssud hinzufügen und mit einem Schneebesen aufschlagen, ohne den Sud kochen zu lassen. Mit Salz und Pfeffer abschmecken und über das Krebsfleisch mit dem Gemüsestreifen gießen. Die Kartoffelscheiben darüberstreuen und alles mit Dillspitzen garnieren.

RAUSCHER-SORBET

Zwischengericht für 4 Portionen:

250 ml	Rauscher (Federweißer vom Apfelwein)		1	Apfel etwas Zitronensaft
40 g	Puderzucker			

Zubereitung:

Den Rauscher und den Zitronensaft in einer Schüssel mit 30 g Puderzucker rühren, bis sich der Zucker aufgelöst hat. Eine flache Form mit dem restlichem Puderzucker ausstreuen und die Flüssigkeit in die Form gießen. Im Gefrierschrank 4 Stunden gefrieren lassen und dabei alle 20 bis 30 Minuten mit dem Schneebesen durchheben. Das Sorbet vor dem Servieren herausnehmen. Mit einem kräftigen Esslöffel abschaben und in die vorbereiteten, gekühlten Gläser füllen. Mit Apfelspalten verzieren und sofort servieren.

FEINER JOGHURTPUDDING

Hauptspeise für 6 Portionen:

6 Becher	Joghurt, natur		3 Pkg.	Gelatine, weiß, gemahlen
6	Eier, getrennt		450 g	Zucker
3	Zitronen, Saft und abgeriebene Schale davon			

Zubereitung:

Das Eigelb in eine Schüssel geben, mit dem Zucker schaumig schlagen und anschließend den Zitronensaft und die abgeriebene Schale unterschlagen. Die Gelatine in etwas warmem Wasser auflösen und mit dem Joghurt unter die Eigelbmischung rühren. In einer zweiten Schüssel das Eiweiß steif schlagen und unter die Masse ziehen. Einige Stunden im Kühlschrank fest werden lassen. Nach Geschmack kann der Pudding mit Himbeersoße serviert werden.

ORANGENCREME

Nachspeise für 6 Portionen:

2	Orangen, nur den Saft davon
1	Orange
4	Eier, getrennt
4 Blatt	weiße Gelatine
150 g	Zucker
250 ml	Apfelwein
200 g	Sahne
2 EL	Haselnüsse, gehackt
125 ml	Wasser
	Krokant

Zubereitung:

Das Eigelb in eine Schüssel geben und mit der Hälfte des Zuckers schlagen. Die Gelatine in Orangensaft und Wein auflösen. Dann den Eischaum zufügen und 15 Minuten kaltstellen. Die Sahne und das Eiweiß gesondert steif schlagen und 3/4 der steif geschlagenen Sahne und des Eischnees unterheben. Anschließend erneut kaltstellen. Den Zucker in einer Pfanne karamellisieren, mit dem Wasser köcheln lassen. Die Orange schälen, in Scheiben schneiden, im Karamell ziehen lassen und herausnehmen. Dann den Karamell dick einkochen und die Haselnüsse darin anrösten. Abkühlen lassen und zerbröckeln. Die Creme mit Sahne, Krokant und Orangen verzieren.

RAUSCHERBRÖTCHEN

Backwaren für 8 Portionen:

500 g	*Mehl*
300 ml	*Rauscher (Federweißer vom Apfelwein)*
1 EL	*Anis, gemahlen*
1 TL	*Kümmel, gemahlen*
100 g	*Schmalz*
50 g	*Schafskäse, fein gerieben*
1 Prs.	*Salz*

Zubereitung:

Alle Zutaten in eine Schüssel geben und so lange rühren, bis ein fester Teig entstanden ist. Daraus Fladen formen und im auf 180 °C vorgeheizten Backofen etwa
35 Minuten backen.

Alter Stadtplan

SCHMANDKUCHEN MIT KIRSCHEN

Backwaren für 4 Portionen:

4 Becher	Schmand		*Teig:*	
1 Glas	Kirschen		150 g	Mehl
2 Pkg.	Vanille-Puddingpulver		65 g	Butter
500 ml	Milch		65 g	Zucker
180 g	Zucker		1 TL	Backpulver
1 Pkg.	Tortenguss, weiß		1	Ei
			1 Prs.	Salz

Zubereitung:

Für den Teig das Mehl in eine Schüssel geben und mit dem Backpulver mischen.
Dann die zimmerwarme Butter, den Zucker, das Ei sowie 1 Prise Salz zugeben
und einen Teig rühren. Eine Springform mit etwas Butter auspinseln, den Teig
hineingeben, flach verteilen und am Rand hochdrücken. Für die Füllung das
Puddingpulver mit dem Zucker und der Milch in einen Topf geben, den Pudding
kochen und anschließend abkühlen lassen. Die entsteinten Kirschen in einem
Sieb abtropfen lassen und zusammen mit dem Schmand unter den Pudding rühren. Die Füllung auf den Teig geben und im auf 200 °C vorgeheizten Backofen
60 Minuten backen, aus dem Ofen nehmen und abkühlen lassen. Aus Wasser,
dem Tortenguss, etwas Zucker und einem Schuss Zitronensaft den Tortenguss
bereiten und über den abgekühlten Kuchen verteilen.

An der Bergstraße

UMLAND

Aus dem südlich gelegenen Ried stammen Gemüse, Kartoffeln und Tabak, der Taunus wartet mit Wild- und Fisch auf, während an den Hängen des Rheingaus der Wein geerntet wird. Aus der Wetterau kommen Getreide und Obst, die Lämmer stammen von je her aus der Rhön, kurz: Die Landschaft um Frankfurt zeigt sich so abwechslungsreich wie die vielen Speisen, die sie hervorbringt.

Schon die Messebesucher in früheren Zeiten priesen Frankfurt wegen seiner italienisch anmutenden Landschaft, den üppigen Feldern, Weingärten und Obstwiesen in der Umgebung der Stadt sowie den stattlichen Wäldern, durch die hindurch sie anreisten. Zum damaligen Stadtbild gehörten Bauern, Gärtner und Fischer. Viehhirten und Bauern zählten sogar zur Bürgerschaft. Das sich um die Stadt herum erstreckende fruchtbare Land ernährte diese und stand unter besonderem Schutz. Im Gegenzug waren die Bauern gehalten, ihre Güter auf den Frankfurter Märkten anzubieten.

Doch auch die Städter selbst hatten eigene Nutzgärten und Felder, manchmal sogar noch mitten in der Stadt. Viele Straßen- und Ortsnamen im Stadtbild, wie Gärtnerweg, Windmühlstraße und Rebstockbad, erinnern noch an diese ländliche Seite der Stadt. Mit dem Wachsen Frankfurts an Größe und Bedeutung stieg auch der Bedarf an Lebensmitteln, die aus den fruchtbaren Ebenen und Hängen des Umlandes noch bis heute bezogen werden.

HANDKÄS´ AUF FELDSALAT

Salat für 4 Portionen:

4	*Handkäse*
150 g	*saure Sahne*
100 g	*Feldsalat*
3	*säuerliche Äpfel*
40 g	*Walnüsse, grob gehackt*
	Zitronensaft
	Tabasco
	Salz

Zubereitung:

Den Handkäse in dünne Scheiben schneiden. Die Äpfel waschen, das Kerngehäuse ausstechen, mitsamt Schale in Spalten schneiden und mit Zitronensaft beträufeln. Die saure Sahne mit etwas Salz und einigen Tropfen Tabasco abschmecken. Den Käse sowie die Apfelspalten mit Nüssen mischen und das Dressing unterziehen. Den Feldsalat waschen, putzen, auf kleine Teller verteilen und die Käsemischung daraufgeben.

Trat man am Morgen in aller Frühe
aus dem Hause, so fand man sich
in der freiesten Luft, aber
nicht eigentlich auf dem Lande.

(Aus Goethe: „Dichtung und Wahrheit" über Offenbach)

KARBENER APFELWEINSUPPE

Suppe für 6–8 Portionen:

1½ L	*Apfelwein*
2	*Eigelb*
500 ml	*Wasser*
120 g	*Zucker*
1	*Zimtstange*
2	*Zitronenscheiben*
1 EL	*Speisestärke*

Zubereitung:

Das Wasser, den Zucker, den Zimt und die Zitrone in einem Topf zum Kochen bringen. Die Speisestärke mit 2 Esslöffeln Wasser glatt rühren und in die Suppe einrühren. Unter Rühren erneut aufkochen lassen. Die Zimtstange und die Zitronenscheiben herausnehmen und den Apfelwein hinzugießen. Die Suppe vom Herd nehmen, das Eigelb mit 2 Esslöffeln der Suppe verquirlen und dann in die nicht mehr kochende Suppe rühren. Heiß servieren.

Höchst

FASAN, GEFÜLLT MIT SAUERKRAUT UND ÄPFELN

Hauptspeise für 4 Portionen:

2	Fasane	200 ml	Kalbsfond
8	Scheiben grüner Speck	250 g	Sahne
300 g	Sauerkraut	1 EL	Gänseschmalz
1	Apfel, sauer		Öl zum Braten
150 g	Champignons, in Scheiben geschnitten	5	Wacholderbeeren
			Pfeffer aus der Mühle
50 ml	Weißwein, trocken		Salz

Zubereitung:

Das Sauerkraut in ein Sieb geben und gut ausdrücken. Den Apfel schälen, das Kerngehäuse ausstechen und ihn in Würfel schneiden. Das Schmalz in einer Pfanne erhitzen und die Apfelwürfel darin schmoren. Dann das Sauerkraut und die Wacholderkörner zugeben, mit Salz und Pfeffer würzen. Mit dem Wein ablöschen, die Hitze reduzieren und 10 Minuten köcheln lassen. Die Fasane waschen und anschließend mit Küchenkrepp gründlich trocken tupfen. Dann mit Salz und Pfeffer würzen und das geschmorte Sauerkraut mit den Äpfeln hineinstopfen. Die Brüste der Fasane mit den Speckscheiben belegen und mit Küchengarn fixieren. Etwas Öl in einen Bräter gießen, dazu die Fasane geben und im auf 180 °C vorgeheizten Backofen 35 Minuten braten. In dieser Zeit mehrmals mit dem austretenden Fett begießen. Anschließend die Fasane aus dem Bräter nehmen und warm stellen. Überschüssiges Fett aus dem Bräter abgießen, dann diesen auf dem Herd erneut erhitzen und die Champignons darin braten. Mit dem Kalbsfond ablöschen und, wenn dieser nahezu vollständig einreduziert ist, die Sahne zugeben und erneut zu einer cremigen Konsistenz einkochen lassen. Mit Pfeffer und Salz abschmecken und mit den Fasanen servieren. Dazu grünen Salat und Kartoffelbrei servieren.

REHRÜCKEN IN KRÄUTERKRUSTE

Hauptspeise für 4 Portionen:

800 g	Rehrücken	*Soße:*	
20 g	Steinpilze, getrocknet	500 g	Wildknochen
6	Pfefferkörner	300 ml	Rotwein
5	Wacholderbeeren	400 ml	Wildfond
1	Knoblauchzehe, gehackt	1	Zwiebel, grob gehackt
1 TL	Thymian	½ EL	Mehl
	Öl zum Braten	½ EL	Butter
1 EL	Butter		Öl zum Braten
	Salz		Pfeffer aus der Mühle
			Salz

Zubereitung:

Den Rehrücken von Sehnen befreien, waschen, trocken tupfen und mit Salz einreiben. Das Öl in einem Bräter erhitzen und den Rehrücken von allen Seiten darin anbraten. Die Steinpilze, die Pfefferkörner, die Wacholderbeeren, den Knoblauch und den Thymian in einem Mörser zu einer sehr feinen Paste zerstoßen und dann mit der handwarmen Butter verkneten.

Den Rehrücken aus dem Bräter nehmen, mit Küchenkrepp das Bratfett abtupfen und dann mit der Kräuterbutter bestreichen. Zurück in den Bräter geben und im auf 200 °C vorgeheizten Backofen 20 Minuten braten. Dann aus dem Bräter nehmen, den Ofen abstellen und darin noch 10 Minuten ruhen lassen. Für die Soße die Knochen mit den Zwiebeln in einem Topf in etwas Öl kräftig anrösten, mit dem Wein ablöschen, den Fond zugießen und auf ¼ der Flüssigkeit reduzieren lassen. Anschließend durch ein Sieb in den Bräter abgießen. Den Bräter nochmals erhitzen und die Flüssigkeit kurz aufkochen lassen. Dann die Soße mit etwas Mehlbutter binden und mit Salz und Pfeffer abschmecken. Vor dem Servieren den Rehrücken vom Knochen lösen, in Scheiben schneiden und mit der Soße, Bandnudeln und Rotkrautsalat servieren.

SAUERFLEISCH NACH DR. FRANKENSTEIN

In einem Brief schrieb Jacob Grimm 1813 eine Schauergeschichte der Bevölkerung am Fuße der Burg Frankenstein in einem Brief an die Übersetzerin der Märchen ins Englische, an Mary Jane Clairmont, die Stiefmutter der späteren Mary Shelley. Als diese 1814 zusammen mit ihrer Stiefschwester Claire und ihrem späteren Ehemann Percy Bysshe Shelley auf dem Rhein reiste, besuchte sie auch den Frankenstein. Die Burg Frankenstein wird als das „True Home of the Monster" bezeichnet.

Johann Wolfgang von Goethe verbrachte einige seiner Jugendjahre nahe der Burgruine Frankenstein. Die Suche nach dem Geheimnis des Lebens und seiner Erschaffung verarbeitete Goethe in seinem „Faust", dessen Geschichte er Freunden unter den Lindenbäumen der Burgruine vorlas.

Dieses köstliche Sauerfleischrezept mit Spargel, zu welchem Remoulade und Bratkartoffeln gereicht werden, macht Lust auf einen Besuch der Burg. Doch Vorsicht: Schon so mancher, der sich in diesen Nächten des Schreckens in die Burg wagte, wurde danach nie wieder gesehen ...

Hauptspeise für 4 Portionen:

1 kg	frischer Schweinebauch	*Spargel:*	
		250 g	frischer Spargel, gleich-
Für den Sud:			mäßige Stärke der Stangen
3 L	Wasser	125 ml	Wasser
1 Bund	Suppengrün	125 ml	Riesling
4	Zwiebeln	1 Prs.	Muskatnuss
10	Pfefferkörner		etwas Zucker
3	Lorbeerblätter		Pfeffer aus der Mühle
	Salz		Salz
250 ml	Weinessig		
40 g	Zucker	*Zum Garnieren:*	
13 Blatt	weiße Gelatine		Zwiebelringe
			Petersilienblätter
			einige Spargelstücke, in
			Scheiben geschnitten

Remoulade:

3	Eier	½ TL	grüne Pfefferkörner
1 TL	Senf	1	Gewürzgurke
125 ml	Öl	1 EL	frische Kräuter (Petersilie,
2 TL	Zitronensaft		Dill, Kerbel, Schnittlauch und
½ TL	Zucker		Pimpinelle, fein gehackt)
½ TL	Kapern		

Zubereitung:

Vorab die Remoulade bereiten. Dafür 2 Eigelbe mit Senf verrühren. Das Öl erst tropfenweise, dann in einem dünnen Strahl unterrühren, bis die Creme eindickt. Mit Zitronensaft und einer Prise Zucker würzen. 1 Zwiebel, Kapern, Pfefferkörner und Gewürzgurke fein hacken und unter die Soße heben. Die frischen Kräuter unter die Soße rühren. 1 Ei hart kochen, abkühlen, pellen, in feine Würfel hacken und zur Soße geben. Die Remoulade kalt stellen. Für den Sud das Wasser zusammen mit den Pfefferkörnern, Lorbeerblättern, Salz und dem geputzten und gewaschenen Suppengemüse sowie den geschälten, geviertelten Zwiebeln zum Kochen bringen. Das Fleisch hineingeben und bei schwacher Hitze etwa 1 Stunde garen. Das Fleisch aus dem Sud nehmen und kalt stellen. Danach die Lorbeerblätter, das Suppengemüse und die Zwiebeln aus dem Sud herausnehmen. Nun 1 Liter des Suds mit dem Weinessig und dem Zucker süßsauer abschmecken und erkalten lassen. Dann das Fett von der Oberfläche vollkommen abschöpfen. Die Gelatine in kaltem Wasser einweichen, nach 10 Minuten ausdrücken und bei schwacher Hitze auflösen. Die Gelatine in den abgeschmeckten Sud geben. Den Spargel sorgfältig vorbereiten. Vermeiden Sie unbedingt jede holzige Stelle: Beim Schneiden der Spargelsülze wird sonst die Struktur der Sülze zerstört. Den Spargel in Wasser und Riesling mit Salz, Pfeffer aus der Mühle, Muskatnuss, etwas Zucker ca. 15 Minuten kochen. Dann abgießen und etwas erkalten lassen. Den kalten Schweinebauch in Scheiben schneiden und mit den Spargelstangen in eine flache Schüssel legen. Mit Zwiebelringen, Petersilienblättchen und den Spargelscheiben garnieren. Den Sud darüber verteilen. Das Sauerfleisch 12 bis 24 Stunden im Kühlschrank fest werden lassen. Nach dieser Zeit aus der Form stürzen, in Scheiben schneiden, die Remoulade darübergeben und dazu knusprige Bratkartoffeln reichen.

MAINZANDER IM RIESLINGBLATT

Hauptspeise für 4 Portionen:

4	Zanderfilets (à 200 g)		*Zum Bestreichen:*	
1 TL	Zitronensaft		30 g	Mehl
1 TL	Weinessig		1	Ei
	Pfeffer aus der Mühle		1 TL	Dill, fein gehackt
	Salz			Pfeffer aus der Mühle
8	große Weinblätter von der			Salz
	Rieslingrebe (oder Weinblät-			
	ter aus dem Feinkostladen)		*Safran-Riesling-Soße:*	
500 ml	Riesling, von Rhein oder		40 g	Butter
	Bergstraße		1 TL	Mehl
500 ml	Gemüsebrühe		250 ml	Riesling, vom Rhein oder
1 Prs.	Salz			der Bergstraße
5	Pfefferkörner		4 EL	Sahne
3	Wacholderbeeren		1	Eigelb
3	Nelken		1 EL	Zitronensaft
1	Lorbeerblatt		1 Pkg.	Safran
				weißer Pfeffer aus der Mühle
				Salz

Zubereitung:

Die Zanderfilets der Länge nach in dünne Scheiben schneiden, so dass sie sich später gut aufrollen lassen. Mit Zitronensaft, dem Essig, Salz und Pfeffer einreiben und 15 Minuten ruhen lassen. Den Riesling mit der Gemüsebrühe und den Gewürzen in einen Topf geben, aufkochen lassen und darin die Rieslingblätter bei geringer Hitze weich kochen. Die Blätter dem Sud entnehmen und in einem Sieb gut abtropfen lassen. Dann die Blätter auslegen und trocken tupfen. Das Ei mit dem Mehl sowie dem Dill gut verrühren, mit etwas Salz und Pfeffer abschmecken und die Blätter mit der Hälfte der Mischung bestreichen. Die Zanderfilets auf die Blätter legen und erneut bestreichen. Dann den Zander mit dem Rieslingblatt zu einer Roulade rollen und sehr fest in Frischhaltefolie wickeln. Anschließend die Rouladen in den heißen, nicht mehr kochenden Kochsud geben und bei schwacher Hitze 15 Minuten ziehen lassen. Anschließend die Rouladen aus dem Sud nehmen, die Folie entfernen, auf vorgewärmte Teller legen, längs einschneiden und die Soße darübergießen, die wie folgt bereitet wird: den Safran mit einem

Löffel Riesling anrühren, Butter in einem Topf erhitzen, Mehl einrühren und unter Rühren 3 Minuten anschwitzen. Die Mehlschwitze mit dem restlichen Riesling mischen und 5 Minuten unter weiterem Rühren köcheln lassen. Die Sahne mit dem Eigelb verrühren und die heiße, nicht mehr kochende Soße damit binden. Den eingeweichten Safran hinzugeben und mit dem Zitronensaft, Salz und Pfeffer abschmecken. Dazu Petersilienkartoffeln und ein Glas Riesling reichen.

Der Palmengarten

FORELLE AUS DER NIDDA IN APFELBUTTER

Hauptspeise für 4 Portionen:

4	Forellenfilets
4	Scheiben Frühstücksspeck
200 ml	Apfelwein
1	Apfel
2	Schalotten
150 g	Mehl
150 g	Semmelbrösel
100 g	Butter
1	Ei, leicht geschlagen
1 TL	Zitronensaft
	Öl
5 Blätter	Sauerampfer, geviertelt
	Pfeffer aus der Mühle
	Salz

Zubereitung:

Die Forellenfilets waschen, mit Küchenkrepp trocken tupfen, mit dem Zitronensaft einreiben, mit etwas Salz und Pfeffer bestreuen. Die Filets jeweils mit 1 Speckscheibe und 3 Stückchen der Sauerampferblätter belegen und mit Zahnstochern feststecken. Das Mehl, die Semmelbrösel und das Ei getrennt auf 3 Teller geben. Die Forellenfilets erst in Mehl wenden, dann durch das Ei ziehen und anschließend in den Semmelbröseln wenden. Öl in einer Pfanne erhitzen und die Fischfilets darin von beiden Seiten 10 Minuten braten. Die Schalotten und den Apfel klein schneiden, den restlichen Sauerampfer hacken, gut mischen und unter Rühren 1 Minute in der Butter braten. Den Apfelwein zugießen, unterrühren und die Forellenfilets mit der Apfelbutter anrichten.

VOGELSBERGER LAMMKEULE MIT KRÄUTERKRUSTE

Lämmer fressen keine Haselnüsse, aber deren Keulen lassen sich wunderbar mit einer aus diesen hergestellten Paste füllen. Lamm nennt man das Jungtier vom Schaf und der Ziege, bis sich ihr Dasein zum ersten Mal jährt und der Koch sich wieder den Jüngeren zuwendet.

Hauptspeise für 4 Portionen:

1	*Lammkeule (1,5 kg)*	*1 Zweig*	*Rosmarin*
2	*Knoblauchzehen, zerdrückt*	*6 EL*	*Öl*
250 g	*Semmelbrösel, frisch*		*Pfeffer aus der Mühle*
4	*Eier*		*Salz*
2 Bund	*frische Kräuter (Kerbel, Petersilie, Estragon, Thymian, Pimpinelle)*		

Zubereitung:

Die Lammkeule waschen und mit Küchenkrepp trocken tupfen. Die Hälfte des Öls in eine Fettpfanne oder einen Bräter geben und die Keule im auf 250 °C vorgeheizten Backofen von allen Seiten 15 Minuten anbraten. Die Kräuter waschen, trocken schütteln und fein hacken. Mit den restlichen Zutaten in eine Schüssel geben und alles gut vermischen. Die Lammkeule etwas abkühlen lassen, mit der Kräuterpaste gleichmäßig ummanteln, wieder in die Fettpfanne legen, die Hitze des Backofens auf 180 °C reduzieren und die Keule darin 2 Stunden braten. Vor dem Servieren noch 10 Minuten ruhen lassen und dazu grüne Bohnen und Kartoffelgratin reichen.

SCHLOSS WOLFSGARTENS KULINARISCHES GEHEIMNIS

Schloss Wolfsgarten liegt zwischen Langen und Egelsbach.

Hauptspeise für 4 Portionen:

1 kg	Schweinefilet	1 Prs.	Muskatnuss
2 EL	Butter	1 EL	Kerbel, gehackt
2 EL	Mehl	2 EL	Petersilie, gehackt
125 ml	Rinderbrühe		etwas Dill, nach Geschmack
125 ml	Milch	500 g	Champignons, frisch
250 ml	Sahne	2	Camemberts, nicht zu reif
	Weißwein		Pfeffer aus der Mühle
	Zitronensaft		Salz

Zubereitung:

Das Filet in 1 Zentimeter dicke Scheiben schneiden und in einer heißen Pfanne anbraten. Etwas Butter darin zerlassen, das Mehl einrühren und mit der Brühe ablöschen. Die Milch und die Sahne angießen, kurz aufkochen lassen und danach vom Herd nehmen. Mit etwas Weißwein, Zitronensaft, Salz, Pfeffer und Muskatnuss abschmecken. Erneut kurz aufkochen lassen und dann den Kerbel, die Petersilie und die Dillspitzen unterrühren. Die Champignons in dünne Scheiben schneiden, in etwas Butter andünsten und mit Salz und Pfeffer würzen. Das Fleisch in eine Auflaufform geben und die Champignons darauf verteilen. Den Camembert in Scheiben schneiden und auf die Pilze geben. Anschließend mit der heißen Soße übergießen und zugedeckt im vorgeheizten Bachofen erhitzen. Dazu Baguette und Salat servieren.

TAUNUSFORELLE BLAU

Hauptspeise für 4 Portionen:

4	*Forellen, frisch aus den Bächen des Taunus*
2 EL	*Weinessig*
1	*Zwiebel, in Scheiben geschnitten*
1	*Karotte, in Scheiben geschnitten*
6	*Pfefferkörner*
1	*Lorbeerblatt*
1	*Zitrone*
	Petersilie, gehackt
3 L	*Wasser*
2 TL	*Salz*

Zubereitung:

Die Forellen waschen, jedoch darauf achten, dass der Schleim, der die Forelle umgibt, nicht entfernt wird. Das Wasser in einem großen Topf erhitzen, den Essig, das Salz, die Pfefferkörner sowie die Zwiebel und die Karottenscheiben hinzufügen und mitkochen lassen. Die Hitze reduzieren, die Forellen vorsichtig hineinlegen und 10 bis 15 Minuten gar ziehen lassen. Dazu Mandeln- oder Petersilienkartoffeln reichen.

DIETZENBACHER SPARGEL MIT GRÜNE-SOSSE-CREME

Zwischengericht für 4 Portionen:

2 kg	frischer Spargel	150 g	Joghurt
1 Bund	Grüne-Soße-Kräuter, fein gehackt	100 g	Crème fraîche
		2 EL	gekörnter Frischkäse
1,5 kg	Kartoffeln	1 TL	Olivenöl
1 EL	Butter	½	Brötchen, altbacken
1 TL	Salz		Pfeffer aus der Mühle
1 TL	Zucker		Salz
2	Zwiebeln, fein gehackt		

Zubereitung:

Den frischen Spargel waschen, schälen und die unteren Enden abschneiden. Wasser mit etwas Salz, Zucker und der Butter in einen Topf geben und zum Kochen bringen. Den Spargel und das Brötchen hineingeben und 20 Minuten bissfest kochen. Die Kartoffeln schälen, vierteln und in Wasser 20 Minuten gar kochen. Für die Grüne-Soße-Creme den Joghurt, die Crème fraîche, den Frischkäse und das Olivenöl in eine Schüssel geben und gut verrühren. Die Kräuter mit den Zwiebeln unter die Creme rühren und mit Salz und Pfeffer abschmecken. Das Brötchen aus dem Topf nehmen, den Spargel mit einer Schöpfkelle vorsichtig aus dem Topf heben, gut abtropfen lassen, auf eine vorgewärmte Platte legen und mit den Kartoffeln und der Grüne-Soße-Creme servieren.

ZWETSCHENKUCHEN-EIS

Nachspeise für 4 Portionen:

4	*Eier, getrennt*
150 g	*Zucker*
100 ml	*Milch*
750 g	*Pflaumen (1 Glas)*
5–6	*Butterkekse (z. B. Leibniz)*
2 EL	*Zitronensaft*
100 g	*Sahne*

Zubereitung:

Das Eigelb, den Zucker und die Milch in einem Topf verrühren. Unter ständigem Schlagen mit dem Schneebesen erhitzen, bis die Masse bindet und sie dann abkühlen lassen. Zwei Drittel der Pflaumen pürieren, das andere Drittel in kleine Stückchen hacken. Die Kekse in kleine Stücke zerbrechen. Die Sahne steif schlagen. Den Eischnee aus den 4 Eiweiß steif schlagen. Den Zitronensaft, die Pflaumen, die Sahne, den Eischnee und die Keksstücke unter die Masse mischen und tiefgefrieren. Während dieser Zeit alle 20 bis 30 Minuten mit einem Schneebesen durchheben, damit das Eis locker bleibt.

ODENWÄLDER KIRSCHENMICHEL

Nach- oder Hauptspeise für 10–12 Portionen:

250 g	Kirschen, frisch
125 ml	Milch
125 g	Quark, (20 % Fett)
2	Brötchen, altbacken
2	Eier
1 TL	Zitronenschale, abgerieben
1 EL	Zimtzucker
3 EL	Zucker

Zubereitung:

Die Brötchen in dünne Scheiben schneiden und die Hälfte davon auf den Böden von 10 bis 12 feuerfesten Dessert-Schüsselchen verteilen. Den Quark mit zwei Dritteln des Zuckers, 1 Ei und der Zitronenschale gut verrühren. Die Masse auf die Schüsselchen verteilen. Die Kirschen waschen, entsteinen und ebenfalls in die Schüssel geben. Die restlichen Brötchenscheiben darauflegen. Die Milch mit dem zweiten Ei verrühren, den verbliebenen Zucker unterrühren und über die Brotscheiben gießen. Dabei darauf achten, dass das ganze Brot gut befeuchtet wird. Den Zimtzucker darüberstreuen. Die Schüsselchen in den kalten Backofen stellen und bei 200 °C etwa 1 Stunde garen. Die Schüsselchen warm servieren und, wenn gewünscht, dazu Weinschaum- oder Vanillesoße reichen.

APFELWEINKUCHEN

Zutaten für 1 Kuchen:

Teig:		*Belag:*	
125 g	*Butter*	*1 kg*	*Äpfel*
125 g	*Zucker*	*2 Pkg.*	*Vanillepudding*
250 g	*Mehl*	*200 g*	*Zucker*
1	*Ei*	*750 ml*	*Apfelwein*
½ Pkg.	*Backpulver*		

Zubereitung:

Die Butter und den Zucker in einer Schüssel schaumig rühren. Das Mehl mit dem Backpulver mischen und anschließend unter den Eischaum zu einem festen Teig rühren. Eine Springform mit Backpapier auslegen, den Teig ausrollen und hineingeben. Die Äpfel schälen, das Kerngehäuse ausstechen und den Apfel in Spalten schneiden. Den Apfelwein in einen Topf geben und mit dem Vanillepudding sowie dem Zucker fertigkochen. Die Apfelstücke auf den Teigboden legen, gekochten Vanillepudding darüber verteilen und im auf 175 °C vorgeheizten Ofen 90 Minuten backen. Aus dem Ofen nehmen und über Nacht abkühlen lassen. Nach Geschmack können in Calvados eingelegte Rosinen unter den Pudding gerührt werden.

REGISTER

Salate

Zwischengerichte

Hauptspeisen

Beilagen

Soßen

Nachspeisen

Pralinen

Backwaren

Getränke

DIE AUTOREN

In einer Familie aufgewachsen, in der das Kochen eigentlich den Frauen vorbehalten war, näherten sich die Brüder Christoph und Evert Kornmayer zunächst langsam, doch mit steigendem Interesse den kulinarischen Geheimnissen der europäischen Küchen. Sie befassten sich mit der Kochkunst und dem Genuss regionaler sowie internationaler Küchen, ohne jedoch ihre Wurzeln zur heimischen Küche zwischen Rhein, Main und Neckar zu vergessen. Schnell wurde bewusst, dass Kochen glücklich macht und zwar nicht nur den Genießenden, sondern auch jene, die ihre Passion in der Küche ausüben.

Evert Kornmayer wurde 1965 in Bensheim a. d. B. geboren, wie auch sein Bruder Christoph Gerhard Kurt Kornmayer 1968. Der Vater, Finanzbeamter mit Sinn für das Detail, und ihre Mutter, eine lebensfrohe, heitere Frau mit viel Wärme, Phantasie und Humor, prägten die frühen Jahre und legten die Eigenschaften der Eltern in die Wesensart der Brüder. Die Brüder verbrachten ihrer Kinder- und Jugendzeit in der südhessischen Stadt Lorsch. Beide studierten in Mannheim, Evert auf Wunsch seines Vaters Verwaltungsrecht, Christoph Betriebswirtschaftslehre, gefolgt vom Studium der Architektur in Darmstadt.

Evert Kornmayer hat sich als Sammler von Rezepten und Verfasser einer Reihe von Kochbüchern mit zielgerichteten Themenbereichen, über die Grenzen Deutschlands hinaus, einen Namen gemacht. Seine kulinarischen Werke wurden mehrfache Gewinner des „Gourmand World Cookbook Awards", und er zählt laut „Gourmand Yearbook" zu den „Best Cookbook Authors in the World".

Christoph Kornmayer, ebenfalls Kochautor, lernte mit der Recherche zu den Rezepten auch die Geschichte der regionalen Küchen kennen und sieht im Hinblick dessen auch den Genuss guten Essens als wichtigste Grundlage für Verständigung und Gastlichkeit an: „In den Familien ist man sich selten so einig wie am gedeckten Tisch."

DAS NEUE FRANKFURTER KOCHBUCH
DIE SCHÖNSTEN KOCH- & BACKREZEPTE AUS DER METROPOLE AM MAIN

„Wen Gott lieb hat, dem gibt er Wohnung und Nahrung in Frankfurt."

Dieses Zitat von Johann Hermann Dielhelm beschreibt treffend die tiefe Verbundenheit der Frankfurter mit ihrer Küche.

Der Autor Evert Kornmayer hat historische Rezepte aus alten Kochbüchern des Archivs des Frankfurter Museums für Tafelkultur und moderne Küchenklassiker neu angerichtet. Die einzelnen Kapitel enthalten Rezepte für mehr als 70 Spezialitäten - für jeden Gaumen, für jeden Geschmack. Und natürlich echt „frankforterisch".

160 Seiten, Hardcover, 26 x 21 cm, zahlreiche Bilder
Autor: Evert Kornmayer
Preis: 18,60 € . ISBN 978-3-938173-13-8

PRAKTISCHES FRANKFURTER KOCHBUCH
„enthaltend 1093 auserlesene Kochrezepte für vornehme und bürgerliche Küchen"

„Verfaßt und herausgegeben von Wilhelmine Rührig. Nebst einer wissenschaftlichen Einleitung über die Ernährung des Menschen und die Zubereitung der Speisen nach den Grund-sätzen von L. Liebig und Lar. Moleschott.

Reprint der „fünften, vermehrten und verbesserten Auflage" von 1877, der Jaeger´sche Buch-, Papier- und Landkarten-Handlung, Frankfurt am Main. Dieses Buch ist der erste Reprint von Werken aus dem Archiv des Frankfurter Museums für Tafelkultur. Diese Reprints wichtiger historischer Kochbücher erscheint in der „Edition Museum für Tafelkultur".

Reprint, 344 Seiten, Hardcover, Format 21 x 14,8 cm
Edition Museum für Tafelkultur
Autorin: Wilhelmine Rührig
Vorwort zur aktuellen Ausgabe von Walter Schwarz
Preis: 14,95 € . ISBN 978-3-938173-38-1

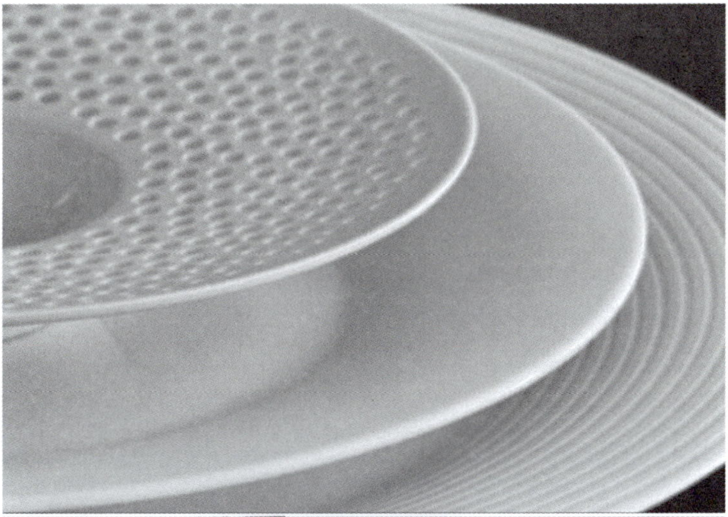

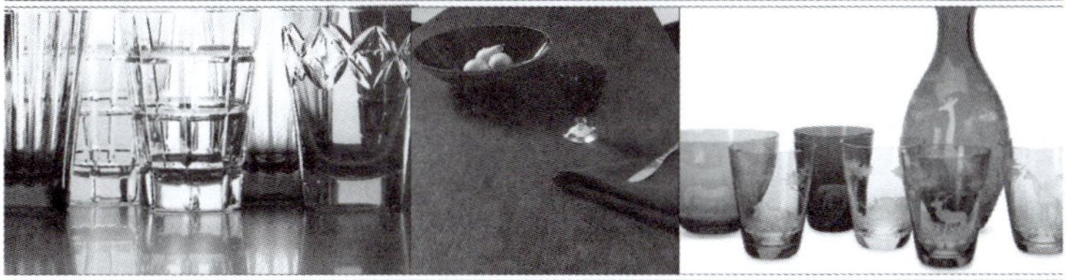

Individualität für Ihr Zuhause...

In den Abteilungen für Tischwäsche, Glas und Porzellan finden Sie Feines für die elegant gedeckte Tafel. In der ausgezeichnet sortierten Küchenabteilung erhalten Sie Bestecke, Kochutensilien und Messer von namhaften Produzenten in bester Qualität. Für den verwöhnten Gaumen bieten wir Ihnen in der kleinen aber feinen Vinothek gute Tropfen aus Italien und Sekt aus der Pfalz.
Erleben Sie die Gewürze, Konfitüren und Öle von Sternekoch Ingo Holland.
Wir organisieren Events zu Themen des guten Geschmacks, z.B. Gewürz- und Weinseminare.
Gerne erstellen wir mit Ihnen Ihre persönliche Hochzeitsliste!

CC Cityhaus

cri-cri®

Roßmarkt 13 (Hauptwache), 60311 Frankfurt, Telefon 069, 131 06 06 Telefax 069, 131 06 16
www.cri-cri.com

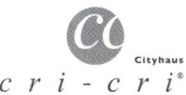